海上絲綢之路基本文獻叢書

入華耶穌會士列傳

〔法〕費賴之（Aloys Pfister）著
馮承鈞 譯

文物出版社

圖書在版編目（CIP）數據

入華耶穌會士列傳 / （法）費賴之（Aloys Pfister）著；馮承鈞譯. -- 北京：文物出版社，2022.7
（海上絲綢之路基本文獻叢書）
ISBN 978-7-5010-7683-3

Ⅰ. ①入… Ⅱ. ①費… ②馮… Ⅲ. ①基督教徒一列傳 Ⅳ. ①B979.9

中國版本圖書館 CIP 數據核字（2022）第 097836 號

海上絲綢之路基本文獻叢書

入華耶穌會士列傳

著　者：〔法〕費賴之（Aloys Pfister）
策　劃：盛世博閱（北京）文化有限責任公司

封面設計：鞏榮彪
責任編輯：劉永海
責任印製：張道奇

出版發行：文物出版社
社　址：北京市東城區東直門内北小街 2 號樓
郵　編：100007
網　址：http://www.wenwu.com
經　銷：新華書店
印　刷：北京旺都印務有限公司
開　本：787mm×1092mm　1/16
印　張：14.5
版　次：2022 年 7 月第 1 版
印　次：2022 年 7 月第 1 次印刷
書　號：ISBN 978-7-5010-7683-3
定　價：98.00 圓

總緒

海上絲綢之路，一般意義上是指從秦漢至鴉片戰爭前中國與世界進行政治、經濟、文化交流的海上通道，主要分爲經由黄海、東海的海路最終抵達日本列島及朝鮮半島的東海航綫和以徐聞、合浦、廣州、泉州爲起點通往東南亞及印度洋地區的南海航綫。

在中國古代文獻中，最早、最詳細記載『海上絲綢之路』航綫的是東漢班固的《漢書·地理志》，詳細記載了西漢黄門譯長率領應募者入海『齎黄金雜繒而往』之事，書中所出現的地理記載與東南亞地區相關，并與實際的地理狀況基本相符。

東漢後，中國進入魏晉南北朝長達三百多年的分裂割據時期，絲路上的交往也走向低谷。這一時期的絲路交往，以法顯的西行最爲著名。法顯作爲從陸路西行到印度，再由海路回國的第一人，根據親身經歷所寫的《佛國記》（又稱《法顯傳》）一書，詳細介紹了古代中亞和印度、巴基斯坦、斯里蘭卡等地的歷史及風土人情，是瞭解和研究海陸絲綢之路的珍貴歷史資料。

隨着隋唐的統一，中國經濟重心的南移，中國與西方交通以海路爲主，海上絲綢之路進入大發展時期。廣州成爲唐朝最大的海外貿易中心，朝廷設立市舶司，專門管理海外貿易。唐代著名的地理學家賈耽（七三〇～八〇五年）的《皇華四達記》記載了從廣州通往阿拉伯地區的海上交通『廣州通夷道』，詳述了從廣州港出發，經越南、馬來半島、蘇門答臘半島至印度、錫蘭，直至波斯灣沿岸各國的航綫及沿途地區的方位、名稱、島礁、山川、民俗等。譯經大師義净西行求法，將沿途見聞寫成著作《大唐西域求法高僧傳》，詳細記載了海上絲綢之路的發展變化，是我們瞭解絲綢之路不可多得的第一手資料。

宋代的造船技術和航海技術顯著提高，指南針廣泛應用於航海，中國商船的遠航能力大大提升。北宋徐兢的《宣和奉使高麗圖經》詳細記述了船舶製造、海洋地理和往來航綫，是研究宋代海外交通史、中朝友好關係史、中朝經濟文化交流史的重要文獻。南宋趙汝適《諸蕃志》記載，南海有五十三個國家和地區與南宋通商貿易，形成了通往日本、高麗、東南亞、印度、波斯、阿拉伯等地的『海上絲綢之路』。宋代爲了加强商貿往來，於北宋神宗元豐三年（一〇八〇年）頒佈了中國歷史上第一部海洋貿易管理條例《廣州市舶條法》，并稱爲宋代貿易管理的制度範本。

元朝在經濟上採用重商主義政策，鼓勵海外貿易，中國與歐洲的聯繫與交往非常頻繁，其中馬可·波羅、伊本·白圖泰等歐洲旅行家來到中國，留下了大量的旅行記，記録元代海上絲綢之路的盛况。元代的汪大淵兩次出海，撰寫出《島夷志略》一書，記録了二百多個國名和地名，其中不少首次見於中國著録，涉及的地理範圍東至菲律賓群島，西至非洲。這些都反映了元朝時中西經濟文化交流的豐富内容。

明、清政府先後多次實施海禁政策，海上絲綢之路的貿易逐漸衰落。但是從明永樂三年至明宣德八年的二十八年裏，鄭和率船隊七下西洋，先後到達的國家多達三十多個，在進行經貿交流的同時，也極大地促進了中外文化的交流，這些都詳見於《西洋蕃國志》《星槎勝覽》《瀛涯勝覽》等典籍中。

關於海上絲綢之路的文獻記述，除上述官員、學者、求法或傳教高僧以及旅行者的著作外，自《漢書》之後，歷代正史大都列有《地理志》《四夷傳》《西域傳》《外國傳》《蠻夷傳》《屬國傳》等篇章，加上唐宋以來衆多的典制類文獻、地方史志文獻，集中反映了歷代王朝對於周邊部族、政權以及西方世界的認識，都是關於海上絲綢之路的原始史料性文獻。

海上絲綢之路概念的形成，經歷了一個演變的過程。十九世紀七十年代德國地理學家費迪南·馮·李希霍芬（Ferdinad Von Richthofen，一八三三～一九〇五），在其《中國：親身旅行和研究成果》第三卷中首次把輸出中國絲綢的東西陸路稱爲『絲綢之路』。有『歐洲漢學泰斗』之稱的法國漢學家沙畹（Édouard Chavannes，一八六五～一九一八），在其一九〇三年著作的《西突厥史料》中提出『絲路有海陸兩道』，蘊涵了海上絲綢之路最初提法。迄今發現最早正式提出『海上絲綢之路』一詞的是日本考古學家三杉隆敏，他在一九六七年出版《中國瓷器之旅：探索海上的絲綢之路》中首次使用『海上絲綢之路』一詞；一九七九年三杉隆敏又出版了《海上絲綢之路》一書，其立意和出發點局限在東西方之間的陶瓷貿易與交流史。

二十世紀八十年代以來，在海外交通史研究中，『海上絲綢之路』一詞逐漸成爲中外學術界廣泛接受的概念。根據姚楠等人研究，饒宗頤先生是華人中最早提出『海上絲綢之路』的人，他的《海道之絲路與昆侖舶》正式提出『海上絲路』的稱謂。選堂先生評價海上絲綢之路是外交、貿易和文化交流作用的通道。此後，大陸學者馮蔚然在一九七八年編寫的《航運史話》中，使用『海上絲綢之路』一詞，這是迄今學界查到的中國大陸最早使用『海上絲綢之路』的人，更多地限於航海活動領域的考察。一九八〇年北京大學陳炎教授提出『海上絲綢之路』研究，并於一九八一年發表《略論海上絲綢之路》一文。他對海上絲綢之路的理解超越以往，且帶有濃厚的愛國主義思想。陳炎教授之後，從事研究海上絲綢之路的學者越來越多，尤其沿海港口城市向聯合國申請海上絲綢之路非物質文化遺産活動，將海上絲綢之路研究推向新高潮。另外，國家把建設『絲綢之路經濟帶』和『二十一世紀海上絲綢之路』作爲對外發展方針，將這一學術課題提升爲國家願景的高度，使海上絲綢之路形成超越學術進入政經層面的熱潮。

與海上絲綢之路學的萬千氣象相對應，海上絲綢之路文獻的整理工作仍顯滯後，遠遠跟不上突飛猛進的研究進展。二〇一八年厦門大學、中山大學等單位聯合發起『海上絲綢之路文獻集成』專案，尚在醖釀當中。我們不揣淺陋，深入調查，廣泛搜集，將有關海上絲綢之路的原始史料文獻和研究文獻，分爲風俗物産、雜史筆記、海防海事、典章檔案等六個類别，彙編成《海上絲綢之路歷史文化叢書》，於二〇二〇年影印出版。此輯面市以來，深受各大圖書館及相關研究者好評。爲讓更多的讀者親近古籍文獻，我們遴選出前編中的菁華，彙編成《海上絲綢之路基本文獻叢書》，以單行本影印出版，以饗讀者，以期爲讀者展現出一幅幅中外經濟文化交流的精美畫卷，爲海上絲綢之路的研究提供歷史借鑒，爲『二十一世紀海上絲綢之路』倡議構想的實踐做好歷史的詮釋和注脚，從而達到『以史爲鑒』『古爲今用』的目的。

凡例

一、本編注重史料的珍稀性，從《海上絲綢之路歷史文化叢書》中遴選出菁華，擬出版百册單行本。

二、本編所選之文獻，其編纂的年代下限至一九四九年。

三、本編排序無嚴格定式，所選之文獻篇幅以二百餘頁爲宜，以便讀者閱讀使用。

四、本編所選文獻，每種前皆注明版本、著者。

五、本編文獻皆爲影印，原始文本掃描之後經過修復處理，仍存原式，少數文獻由於原始底本欠佳，略有模糊之處，不影響閱讀使用。

六、本編原始底本非一時一地之出版物，原書裝幀、開本多有不同，本書彙編之後，統一爲十六開右翻本。

目録

入華耶穌會士列傳

入華耶穌會士列傳

〔法〕費賴之（Aloys Pfister）著　馮承鈞　譯

民國二十七年長沙商務印書館鉛印本

費賴之著

馮承鈞譯

入華耶穌會士列傳

商務印書館發行

Aloys Pfister 著
馮承鈞 譯

入華耶穌會士列傳

中華教育文化基金董事會編譯委員會編輯
商務印書館發行

目錄

凡加〔　〕者皆新譯名漢名原闕

序

自明萬曆迄清乾隆二百年間，爲舊耶穌會士在華活動之時期，於傳佈宗教之外，兼溝通中西學識，撰譯無慮數百種，會士事蹟可考者近五百人，其留存之史料，關係應甚重也，然世人所知者，利瑪竇湯若望南懷仁等之曆算，雷孝思等之繪圖，郎世寧等之作畫，張誠等締結中俄條約，馮秉正等翻譯中國史書，此外會中傑出之人，與其所撰之記錄信札，世鮮知之。例如湯若望記清世祖致死之原因，安文思記張獻忠禍蜀事，卜彌格記奉永歷命赴教廷求援事，皆大事也，治兩朝史者頗鮮徵引及之。瞿式耜之入教受洗，在吾人爲創聞，而在卜彌格書中竟謂實有其事。吳繼善曾受張獻忠禮部尚書職，安文思言之歷歷，其事應非誣也。觀此足證此一部份史料之重要，今人所撰關於耶穌會士之書錄，以費賴之神甫書最切於用。

費賴之神甫書初印本頗罕覯，重印本至去歲始完全刊布。惟原稿多舛誤，雖經校訂人整理一過，缺陷尚多。裴化行（Henri Bernard）神甫在西文方面搜集材料不少，其意頗欲余在中文方面鈎稽羣書，共同校補，余以其事重，未遑應之。既而思國內研討此類史料者應不乏人，不如先將此書轉爲華言，以爲大輅椎輪，俾中西學者分別校補。原書立傳凡四百六十有七，詳略不等，蓋爲材料所限也。譯文除將侈陳靈異之處略爲刪節，錯誤顯明之處偶爲改正外，無所增損。原書不分章節，茲爲隨譯隨刊計，釐爲若干卷，每傳前列有參考書目，概屬簡稱，別有主要參考書目表附於全書之後，徵引之西書關涉語言甚衆，茲皆轉錄原文，俾使諳習各種語言者可以直接參考。第一卷校正訖，特識其緣起於卷首云。民國二十五年四月二十五日馮承鈞識。

入華耶穌會士列傳

緒言

本書撰者是 Louis (Aloys) Pfister 神甫，(註一)一八三三至一八九一年間人，以一八六七年至中國。

(註一)鈞案昔傳教士幾盡具漢姓名，本書卷首未題撰人漢名，檢卷末索引，載其人名費賴之，字福民；近人徐宗澤撰明末清初灌輸西學之偉人，寫其名作費賴子，誤也。

賴之工考證，一八六九年時已刊布有江南傳道會記；並撰有不少論文載入公教傳道會刊中，又撰有中國新傳道會信札（石印本）。此外別有江南傳道會地圖一幅，傳教師之目錄數種，數百種語言之 Ave Maria 等編。

一八七二年八月郎懷仁 (Languillat) 主教與傳道會諸老成練達之士計議，舉行科學研究，費賴之神甫擔任纂集，所纂諸編中有江南新傳道會史一部。(註二)賴之因裒輯材料不少，並在留華之二十三年中撰有日記，逐日記錄，未嘗間斷，惜皆毀於一八九一年五月十二日蕪湖之火。(註三)本人卽歿於火災後數日，時在一八九一年五月[illegible]也。

(註二)參看史式徽 (J. de la Servière) 江南傳道會史第二册一九四頁。

（註三）同書第一冊序。

然尚留存有重要著作一部，全書已盡編成，預備刊行，卽本書也。賴之編纂此書歷二十年，茲全錄其標題如下：

「始方濟各沙勿略（François-Xavier）之死迄耶穌會（Compagnie de Jésus）之廢止留華傳佈福音之一切耶穌會士之傳記及書錄，同會費賴之撰，一八六八至一八七五年撰於上海。」

其書凡三易稿，每次發現有新資料，輒補訂而增廣之。第二次稿本較第一次卷帙更爲繁重，題年爲一八六八至一八七五年，前有一八七五年十一月二十二日序。第三次稿本更巨，共有一千四百四十三頁（表錄未計），合爲大八開本凡五冊。成書之時應在一八八六年頃，蓋中有若干參考書籍爲一八八五年刊本，然此寫本標題仍用前一稿本年月，作一八六八至一八七五年，並重錄一八七五年序。（註四）

（註四）原序轉錄於後，惟略將其文刪節而已。

此第三次稿本中極可寶貴之資料固然甚多，而重大缺陷亦間有之。所引之文及所參考之書，不常詳細註明出處，而文筆亦有時疏陋，是其失也。諸道長以爲此種缺陷未補，不能核准刊行。會費賴之神甫死，如任此重要稿件散失，未免可惜，於是在一八九七年決定石印若干本，不許售賣，僅許供江南諸傳教師書室或檔庫之收藏，非得傳道會道長之許可，不得交給外人閱覽。

顧自世人知有此列傳以後，各方索者紛至，有爲其他教區之傳教師，有爲留心漢學及歷史之友朋及歐洲通訊員，由是印本無一存者，乃索者日見其多也。

吾人明知列傳必須完全改訂：蓋自一八八六年以後，關於中國傳道會史之書籍出版者甚多；各檔庫之有條理的尋究所增未刊資料亦復不少。惟現在時間人材並缺；吾人以為等待改訂之前似須應各方不斷之求，用史料名義將費賴之神甫之列傳印行，以供諸傳教師之參考，至其體裁內容則一仍原書。(註五)

(註五)僅有第一傳(聖方濟各沙勿略傳)由史式徽神甫在一九二五年完全改訂。

吾人僅(此僅字所代表之工作亦復甚巨)將引文及參考書泛指出處者審訂補充之；若干最新之專門著作與夫伯希和 (Pelliot) 之研究為之補入書錄部份；從新審查一過，據以對勘者要以 Sommervogel 神甫之書錄為多；若干年代顯有錯誤者為之改正；於附註中著錄異文地名附以漢字；文筆疏陋者為之潤色。此外吾人正從事於一種按照字母次序的總索引(人名地名書題大事)之編纂，如蒙天主樂許，行將附載於本書第二冊後。

吾人特應中國諸傳教師之請，以此書供其研求，雖有疏誤，甚願彼等得利用之，並請彼等將所認為必須改訂增補之處通知吾人。吾人行將綜合其文編一附錄，慎重保存，以供將來編纂定本之用云。(註六)

(註六)此種文字將刊布於單頁中，俾能插載於本書之內。本書第一冊末有樣張可供參考。

一九三二年七月三十一日聖依納爵 (St Ignace de Loyola) 祭日。　漢學研究所識

原序

吾人現在刊行之書，並非完全新作。先有進士韓霖張賡二人（註一）曾用漢文撰有聖教信證，序題順治丁亥，適當西曆之一六四七年。其書之旨趣乃在證明基督教之眞實，而傳教者之離其祖國並非為欺騙華人而來也。其書在一六六八年及一六七四年刻於北京。

（註一）張賡非進士，僅為舉人，見艾儒略（J. aleni）撰利瑪竇行蹟。

南懷仁（Verbist）神甫曾將此本補訂，前有長篇歷史緒言，題曰道學家傳（註二）。彼於所舉公教眞實諸證中，對於諸出類拔萃之學者離其家國捨其福樂而謀華人救贖一證，尤深切言之。

（註二）參看本書第一二四傳。

柏應理（Couplet）神甫曾將南懷仁神甫之道學家傳譯為拉丁文，於一六八六年刊於巴黎。（註三）標題作始一五八一年止一六八一年傳教中國之耶穌會諸神甫名錄，並以康熙朝之歐羅巴天文一篇附於南懷仁神甫原書之後。

（註三）參看本書第一一四傳。

名錄雖佳，然不完備，時間僅限百年，自一六八一年後迄於一七七三年耶穌會廢止時之一切入華耶穌會士，皆未著錄，尤可惋惜者此書故將一切輔佐教士之名遺漏，並有神甫數人因行蹟未詳，亦不見於是編。益以柏應理神甫之名錄極為簡略，所著錄者人名年代與諸傳教師所撰之漢籍標題而已。

吾人之目的即在盡吾人之所能補足此種缺陷，遺者補之，闕者續之，止於舊耶穌會最後會士之死，而於各人之傳記書錄務求完備。設若資料更較豐富，此編或者更加完全。然讀者不應忘者，撰者遠處歐洲六千哩 (Lieues) 外，未能參考諸圖書館之藏書，有若干罕覯之書籍未能檢閱也。但吾人有一非常便利，即能參考若干寫本中國載籍，及不少殁於北京的古耶穌會士之碑文，斯皆賴得法國駐華使館第一譯員 Devéria 之助。吾人對之誠實熱烈表示感謝。(註四) 其經吾人參考之書籍目錄別詳後編。(註五)

(註四) Gabriel Devéria 一八四四至一八九九年間人；一八六〇至一八七六年間駐在中國。參看通報一八九九年刊四八一至四八七頁。

(註五) 見本書第二冊卷末。

雖賴此種輔助，吾人對於若干傳教師，僅能記載若干事蹟年代，此誠堪惋惜者也。但願有更較博達而幸運較佳之人闡發幽隱，將此種博學信道教士之事蹟補輯之。

關於諸傳教師之事業，可分為三個時代，讀者不難在此列傳中見之。

第一時代始一五八〇年，終一六七二年，約一世紀間，為不少漢文著述撰刻之時代。在此開始時代，必須駁斥偶像崇拜，說明真正教旨，培養信心，滿足信念，訓練信徒，顧君主貴人之保護，寓有大益，則應用學術方法而獲取之。

由是最初傳教師撰有數學、天文、物理之書甚多，與所撰關於宗教及辯論之書相等，或且過之。此時期蓋爲李瑪諾（E. Diaz Senior），陽瑪諾（E. Diaz Junior），羅雅各（J. Rho），艾儒略（J. Aleni），金尼閣（N. Trigault），高一志（Vagnoni），利類思（Buglio），安文思（G. de Magalhaens），柏應理（Couplet），尤其是利瑪竇（M. Ricci），湯若望（Adam Schall），南懷仁（F. Verbiest）諸賢聖與博學教士生存之時期。

第二時代始一六七二年，終雍正（一七二二至一七三六）初年；是爲北京及諸行省法國傳道會產生發展之時代。中國禮儀問題在是時辯爭甚烈，時常超過限度；後在本篤十四世（Benoit XIV）時始完全解決（一七四二年七月十一日）。此種刺激問題曾發生有不少文字。(註六)傳教信札（Lettres édifiantes et curieuses）即在此時代開始刊布，其敍事繁多，信心虔篤，今尚爲讀者所嗜讀也。科學在是時仍在培植。雷孝思（Régis）神甫等測繪中國地圖，馮秉正（de Mailla）神甫譯中國編年史書，安多（Thomas），衞方濟（Noël），張誠（Gerbillon），巴多明（Parrenin），馬若瑟（de Prémare），殷弘緒（d'Entrecolles），戴進賢（Kögler）諸神甫等，從事於滿文漢文數理天文之有用工作。雖有淩虐之事，公教仍傳佈於全國，是以康熙皇帝曾言：就基督教之格言及其在中國之進步測之，將來必有一日成爲佔優勢之宗教。(註七)

（註六）吾人對此問題不願有所申述，蓋其無議論之餘地也。宗座業已決定，教會既有斷言，任何傳教師不能有所懷疑，亦不能發生何種微末抗議。

（註七）見白晉（Bouvet）撰中國皇帝本紀一一三頁。

第三時代則見最後之傳教師爲保持人數逐漸加增的諸教區之信仰，寧願作勇敢的犧牲，奮鬥至於末日。虐待之事陸續發生，遍延全國。此非撰述之時必須先其所急也。然在此蒙難時代，如宋君榮(Gaubil)，劉松齡 (Hallerstein)，蔣友仁 (Benoist) 韓國英 (Cibot) 錢德明(Amiot) 輩之功績，詎不偉歟。

茲僅對一重要問題微有一言。此名錄中列載之耶穌會士約有五百，其爲華籍者七十人。耶穌會外之其他華籍司鐸而經本會會士訓練者尚有若干。此種比例，據 X. Bertrand 神甫傳道會記錄所引金尼閣，柏應理，魯日滿 (de Rougemont)，南懷仁諸神甫呈進宗座之記錄，一六九五年神甫之人數，明白證明本會常欲養成一種本地神職班，在中國抑在他國皆同然也。

吾人對於法國傳道會諸神甫所留存之官話寫法，務保存之，僅將每字開始之 ou 綴音代以英文之 w 而已。至若吾人引用之文籍，務求按文轉錄。蓋吾人注意之一點，在傳記中抑在書錄中，參考時固然不免見有差違，然務求引文必爲諸原作者著作之語；否則吾人將剝奪其敘述之眞實性，而無理由負擔未能始終審核之責任矣。

一八七五年十一月二十二日費賴之識於上海。

第一　方濟各沙勿略傳(註一)

一五〇六年四月七日生——一五四〇年七月二十七日入會(註二)——一五四一年四月二十二日發願——一五五二年至華——一五五二年十二月二日至三日之夜歿於上川

茲將記述此遠東宗徒與中國發生關係之諸要文鳩集於此，或亦爲讀者所樂許也。諸文錄自西班牙神甫之偉大刊物沙勿略事輯 (Monumenta Xaveriana)(註三)克羅 (Cros)(註四)布魯 (Brou)(註五)二神甫新撰之兩部法文聖方濟各沙勿略 (Saint François-Xavier) 本傳，亦多採之。

(註一)西迦 (Sica) 目錄(一八九二)作方，費賴之(一八七五)作範。

(註二)是爲教宗保羅三世 (Paul III) 核准耶穌會的敕令 (bulle Regimini) 頒佈之時期。

(註三)沙勿略事輯馬德里 (Madrid) 一八九九年以後刊本在耶穌會史輯 (Monumenta historica Societatis Jesu) 中。

(註四)一九〇〇年巴黎刊本。

(註五)一九一二年巴黎刊本第二冊二二二頁一九二二年有第二版，吾人所徵引者即此本也。

沙勿略最初思及傳教中國之日，似在居留日本之時。彼與有學識的日本人，尤與僧人辯論之中，輒驚日本人對其比鄰大國之文學哲理深致敬佩，蓋此爲日本全部文化之所本也。

「汝教如獨爲眞教，緣何中國不知有之？」(註六)與辯者以此語作答不祗一次。宗徒於是自思，使日本歸依之善法，莫若傳播福音於中國。彼在一五五二年曾記述云：「中國乃一可以廣事傳播耶穌基督教理之國；若將基督教理輸入其地，將爲破壞日本諸教派之一大根據點。」(註七)當時沙勿略所得關於中國及其居民之消息甚佳：「留居其國之葡萄牙人謂其爲正義國家，優於全基督教界諸國。我在日本及他處所見之華人，皆甚聰明而多智巧，遠爲日本人所不及，且爲習於勞苦之人也。」(註八)復有人向其譽揚此國之統一，君主一人治之。若使此君主歸依基督之教，其廣大領土將必從之也。(註九)

(註六)沙勿略事輯第一册六六三頁。

(註七)沙勿略事輯第一册六九五頁。布魯譯聖方濟各沙勿略傳第二册二二二頁。

(註八)沙勿略事輯第一册六九四頁以後。布魯譯聖方濟各沙勿略傳第二册二二一頁。

(註九)布魯譯聖方濟各沙勿略傳第二册二二二頁。

惟應注意者，沙勿略在由滿剌加(Malacca)赴日本之途中，於所乘之中國海船上，亦曾見華人之缺點；船主船員常欲避免約定之義務，而彼等之幼稚迷信，曾使沙勿略大感苦痛也。(註一〇)

(註一〇)沙勿略事輯第一册五七三頁。布魯聖方濟各沙勿略傳第二册一一九頁以後。

顧沙勿略前在印度創立之傳道會，勢須本人親往整理，於是此宗徒決於一五五一年十一月附葡萄牙船離去Bungo。同年十二月抵上川，(註一一)卽彼來年病故之所；在此見其摯友葡萄牙人培萊剌(Diogo Pereira)之船舶聖他克羅切(Santa Croce)號，遂附之至滿剌加。

（註一一）參照註一三。

沙勿略在航行中曾以其對於中國之計畫告其友培萊剌。最穩妥進入中國之法，要在由印度總督遣使入朝中國皇帝，因擬定培萊剌爲使臣，沙勿略隨使行，試以此法取得傳教之許可。此慷慨商人爲堪以接受宗徒祕密之人，彼遂期於來年駕同一船舶往復中國，並自任出使之一切費用。印度總督 don Alphonse Noronha 及臥亞(Goa)主教 don Jean d'Albuquerque 皆贊其謀，總督並以使臣之例行證書付培萊剌。

不意滿剌加長官 don Alvaro de Ataide 之嫉妒，竟將此謀完全破壞。彼見使節之煊赫，憤使節之榮與利爲一尋常商人所獨攬，留培萊剌於滿剌加，不許聖他克羅切船前往中國，且以其黨羽監視船員。沙勿略用宗座專使名義，以譴責(censures)脅之，此長官不爲所動，反命其黨羽凌辱聖者。（註一二）

（註一二）布魯聖方濟各沙勿略傳第二册三二五頁以後。

沙勿略隨同葡萄牙使臣前赴中國之計畫，因是拋棄；所餘者祇有犯冒險阻潛入中國之一法矣。諸友勸其勿行，然彼決意前往。一五五二年八月聖他克羅切船載之至上川（註一三）時已有葡萄牙船數艘先抵此處；有摯友數人見沙勿略至，歡待之。時中國禁與葡萄牙人通商，葡萄牙人祇能與華人私相貿易；廣東官吏有利可圖，遂視若無睹：中國船舶載土貨至上川，以易歐洲船舶所載之貨物而歸。

（註一三）上川亦誤作三洲，應以葡萄牙人之上川寫法爲是，至 Sancian 寫法乃由拉丁文 Sancianum 所轉出，諸傳教師信札皆採用之。參看 Garaix 撰聖方濟各沙勿略墓一頁。

沙勿略甫登陸，於葡萄牙人中執行教務之暇，輒與私同歐洲人交易之華商謀，求其設法載之至廣東邊岸；諸商幾盡拒之，實告以不能犯死罪而密攜一外國人入國內。祇有一人願與同謀，約給費二百元（cruzados），彼將攜之至邊岸，藏伏其家中，然後載之至廣東之一港。沙勿略曾作書云：「我將立時入謁總督，我將告以吾人蓋為入見中國皇帝而來。我將出示主教（臥亞主教）呈皇帝書，而書稱其派我來此傳播天主教理也。據諸土人云，吾人犯冒兩重危險：同謀之商人得金以後，或畏總督之威，將吾人棄於某荒島內，抑擲吾人於海中。縱其攜吾人至廣東，得見總督，總督對於吾人將施拷捶，抑將吾人投之獄；蓋吾人之舉動，前所未聞也。」（註一四）此宗徒對此未來禍患，皆願歡欣受之，蓋其憶及主言有云：「愛其靈魂者將失之，在此世惡其靈魂者將救之於永遠。」（註一五）

（註一四）沙勿略事輯第一冊七八三頁，七八四頁。布魯譯聖方濟各沙勿略傳第二冊三四六頁。
（註一五）約翰（Jean）福音十二章二十五則。——沙勿略事輯第一冊七八五頁。

此書作於十月二十二日。載彼來此之船將載其惟一歐洲同伴而歸，蓋修士 Alvaro Ferreira 身體孱弱，不能任此勞苦，犯此危險；沙勿略僅存二僕，一為痲離拔（Malabar）人 Christophe，一為中國青年安敦（Antoine）。此人曾受業於臥亞學院。諸葡萄牙船貿易已畢，次第離上川去，僅聖他克羅切船留待十二月杪始行。約期既屆，所約之華商不至，由是進至廣東沿岸之希望完全斷絕（註一六）「足使此衰朽之身尚存一線生氣之希望忽然斷絕，機能遂復舊狀，永無能為矣。」（註一七）方濟各發熱甚劇，所患者或為肋膜炎，百物皆缺，在所居之茅屋中饑寒交迫；十一月二十二日試移居聖他克羅切船上養病；然風浪簸動船舶，苦不能耐，翌日復還島上。有一較為慈善之葡萄牙人舁之至其小木屋中爲之放血，放後聖者暈絕，殆因手術之不善也。熱度日增，不能進食。二十四日發譫語，其語有爲安敦所不解者，殆爲其兒時所操之basque語；（註一八）餘語由其義僕憶而不忘者，則爲迭言之：“Tu autem meorum peccatorum et delictorum.-Jesu, Fili David, miserere mei”。十一月二十八日星期一，聖者不能語，不識人，不進食，如是凡三日。十二月一日星期四，語言知識恢復，安敦聞其迭言：「最聖之三位一體聖父聖子聖靈」此華僕續述云：彼作如是語及其他相類語，至於星期五夜半，將近黎明前，我見其垂危，以一燭置其手中；彼口誦耶穌之名而終。事在一五五二年十二月三日星期六之黎明前也。（註一九）

（註一六）克羅聖方濟各沙勿略傳第二册三四六頁引華人安敦語。

（註一七）布魯聖方濟各沙勿略傳第二册三六三頁。

（註一八）沙勿略事輯第二册八九五頁以後。——參看克羅聖方濟各沙勿略傳第二册三四八頁註。

（註一九）沙勿略事輯册頁同前。聖方濟各沙勿略去世時日問題，曾引起熱烈之爭論。迄於十九世紀末年，雖有若干異說，世人所從者，要爲羅馬聖務日課（Bréviaire romain）著錄之十二月二日。至是克羅神甫有所發現，遂在其書第二册引證華人安敦語，而認其說近眞，乃將死日改作十一月二十七日。布魯神甫曾從其說（第一版第二册四四二頁）。然爲Astrain與Michel二神甫所駁。沙勿略事輯第二册刊行，內載有華人安敦語，較克羅神甫所引者更爲完備，以更較眞確，由是紛爭遂息，而取十二月二日夜至三日黎明之說。（沙勿略事輯第二册七八七至七九二頁）——紛爭之說業經布魯神甫明白節錄於一論文中，載入宗教學尋究（一九一六年五月至九月刊三二八頁）。彼亦取十二月二日夜至三日晨之說，而載入其書第二版第二册四四二頁中。

聖他克羅切船上之葡萄牙人除一二人外，對於沙勿略之死皆淡漠視之。宗徒死後，彼等且不知爲適當之殯葬。僅有一人往助華人安敦及二黑白混種人料理葬事；餘皆「因天氣酷寒」未下船也。

棺木下穴時，其一黑白混種人於尸體上下撒石灰數袋；將以此消血肉而留骨骸，俾將來容易運至印度。下棺以後，以土掩之。

逾兩月有半；次年二月半間，聖他克羅切船將行。義僕安敦往見船長而語之曰：「船長，方濟各神甫乃一聖賢，遺體棄置於此歟？——船長答曰，安敦彼之爲人誠如汝言……然汝欲吾人何爲？蓋我不知其遺體是否可能運走。我將遣人往視，如可運則運歸。」船長立遣一親信人往葬所，破土開棺，見神甫遺體與葬時無異，「除石灰外，別無臭味或其他異味。遂並棺運至聖他克羅切船上，二月十七日開船，進向印度；三月二十二日至滿剌加，至是方濟各之凱旋開始矣。（註二〇）

（註二〇）此處皆節錄華人安敦之語（沙勿略事輯册頁同前，又布魯書第二册三六八頁以後。）嗣後棄置沙勿略於島山之葡萄牙人列布別說，欲以自解，然其可信之程度不能與上說侔也。

埋葬宗徒二月有半之墓穴後爲諸教侶巡禮之所。次年修士 Pierre de Alcozova 歸自日本，曾至上川，於前葬方濟各神甫墓穴之前祈禱。（註二一）

（註二一）克羅書第二册三六二頁。

一五六五年，卽方濟各神甫死後之十三年，有耶穌會神甫八人，從道長 François Perez 神甫至澳門，建設住所一處，卽後爲傳教日本之傳教師之療養院；（註二二）忠僕安敦既親視方濟各之死，復將埋葬聖者遺體兩月之舊穴用石誌之，後居澳門諸神甫所以終餘年；以理測之，其重赴上川似不祇一次，殆因導教中人巡禮葬所也。

（註二二）參看第三傳。

一六三九年，澳門諸神甫在聖者舊墓上立有石碑，迄今尙存，可以爲證。其一碑上勒文曰「東方宗徒耶穌會士聖方濟各沙勿略曾葬此處。」如上所述具見諸神甫曾視其地確爲宗徒葬所無疑。

墓碑後爲土人所仆，蓋土人以下有藏寶也。一六八八年耶穌會士駱斐理 (Philippe Carossi) 神甫過上川時重爲立之。

一六九八年俺斐特里特 (Amphitrite) 船載法國傳教師十一人赴中國，十月六日至上川；諸神甫曾至聖墓巡禮，馬若瑟 (de Prémare) 在一致 de la Chaise 神甫書中，曾遺留有感動人心之敍述也。（註二三）俺斐特里特船員先在一大風暴中獲沙勿略之庇蔭，因共醵資在聖者墓上建禮拜堂一所。

（註二三）一六九九年作於廣州，見傳教信札第三册十三頁以後。

一七〇〇年都加祿 (Turcotti) 利國安 (Laureati) 二神甫得廣州總督之許可，於距葬所七八里處建一住所；於墓上建一小屋禮拜堂，以石建築，方廣各三公尺五十四公分，上立一十字架。（註二四）

（註二四）建築師 Castner 神甫致耶穌會長 Thyrse Gonzalez 書，見 Welthott 第三〇九號。

一七〇一年俺斐特里特船重載法國新傳教師又至上川，沙守信 (de Chavagnac) 神甫於一七〇一年十二月三十日致書中曾述此印度宗徒重救俺斐特里特船員而諸法國船員敬禮事：「先鳴礮，然後莊嚴連誦此聖者名嗣在停泊之十五日中用種種方法敬禮此印度宗徒。吾人幾逐日在其墓上舉行彌撒（messe），船員敬奉之虔，頗使吾人歡慰也。」（註二五）

（註二五）傳教信札第三冊五一頁以後。

當此十八世紀初年，康熙皇帝歡迎教士之時，教士往來甚易，澳門諸神甫必亦有赴上川巡禮者，然其事今已無可考見。至在十八世紀之後七十五年間，虐待宗教之事起，繼續巡禮殆不可能矣。

一八一三年虐待之事稍息，澳門主教 Francisco Chacim 曾偕葡國僑民多人巡禮聖墓，命其書記筆錄其事；（註二六）一六三九年所建之碑尚存，然禮拜堂則已傾圮矣。

（註二六）見 Garaix 神甫書十六頁以後。

一八六二年耶穌會士重還澳門，蓋自一七五九年被 Pombal 驅逐以後，絕跡久矣。兩年後，道長 Rondina 神甫率百餘人赴上川巡禮。（註二七）自是以後，香港廣州澳門之公教教徒常赴上川祈禱。

（註二七）見巴黎研究（Études）雜誌一八六六年刊第十一冊五四九頁。

提倡敬禮此印度宗徒末年受苦難地而最熱心者，要為外方傳道會之 Guillemin，時任廣東教監（préfet apostolique），而上川為其轄境也。法國駐京公使 de Lallemand 伯爵曾應其請，排除一切困難，得在島中建築禮拜堂二所，一在聖方濟各沙勿略墓上，一在兩村之間，是為傳道會之教堂。墓上禮拜堂之祝禮於一八六九年四月二十五日舉行，參禮者有廣州法國領事館書記官，法義葡三國傳教師，廣州香港澳門等地之巡禮人，堂長二十公尺，公尺寬十公尺鐘樓高二十三四公尺並 gothique 式美鐘一口，法國皇后 Eugénie 所贈也。(註二八)嗣後又在島中兩高崗上立花崗石大十字架一具宗徒銅像一尊。

(註二八)見傳教年鑑一八六九年九月及十一月刊三九七及四一一頁 (Guillemin 敎監及 Osouf 神甫通訊。

一八八四年中法失和，上川之二禮拜堂因遭劫掠，迄於一九〇四年時，島中傳教之事停頓無一司鐸駐留島中。

至是，Mérel 主教命外方傳道會之 E. Thomas 神甫赴島傳教。兩村間之教堂及墓上之禮拜堂並皆修復；志願受洗人 (catéchumènes) 遂開始增加矣。(註二九)

(註二九)右述諸事皆從 Garaix 神甫書節錄。

近有一事會使入教運動大爲活潑。一九一〇年及一九一一年時，有盜賊來自廣州，劫掠島中村莊數次。昔日反對傳教之紳者遂求助於公教傳教師。Mérel 主教應 E. Thomas 神甫之請，求廣州總督遣礮船二艘載兵赴島平亂。

亂事平後，盜賊或伏誅，或逃走，島中居民遂感神甫恩。志願受洗者以千計，受洗者數百人。(註三〇)因沙勿略死而成聖地之島嶼，將有一日成爲基督教地，可預睹也。

(註三〇)見中國記錄 (Relation de Chine) 一九一四年四月刊三五九頁以後 E. Thomas 神甫通訊。

第二 巴萊多傳

一五二〇年生——一五四三年三月十一日入會——一五五七年發願——一五七一年八月十日歿於臥亞

方濟各死後，繼至中國之第一傳教師是修士 Pierre d'Alcazova，彼於一五五三年還自日本，路經上川，曾臨視墓穴。(註一)

（註一）見修士 Aires Brandao 一五五四年十二月二十三日信札，此信札業經重爲校勘，收入沙勿略事輯第二册九一九至九四九頁。
（裴化行 Henri Bernard神甫補註。）

但應承認者，d'Alcazova 之本意不在入居中國，然巴萊多(Melchior Nunez Barreto)神甫則反是。

巴萊多在一五五一年被派至印度，繼 Gaspard Barzée 神甫爲印度日本區長(provincial)。一五五五年在赴日本途中，曾爲贖三葡萄牙人與其他三基督教徒出獄事，留居廣州二月，雖盡其力而所謀未遂，亦未能使一華人受洗。彼曾與一著名文人作公開之辯論，其人詞屈憤而唾其面。(註二)

（註二）巴萊多神甫旅行中國日本事，Mendez Pinto (Peregrinaçam 二一九至二二二則) Polance 神甫 (Chronicon Societatis Jesu, t. v. p. 714-721) Frois 神甫 (Schurhammer 德文本 pp. 46-49, 52-55) 之書，並見著錄；耶穌會諸史家若 Bartoli, Orlandini 等之記錄則甚簡略。（裴化行補註。）

巴萊多以一五二〇年生於 Porto；一五四三年八月十日入會，Coimbre 學子入會者，彼爲第一八一；一五五七年發願；一五七一年八月十日歿於臥亞。

彼離廣州時，曾留修士 Etienne Goez 於彼學習華語，然此修士學習過勞，因而致疾，越六月遂還臥亞。（註三）

（註三）Souza, Oriente Conquist., t. I, p. 700. -Bartoli, Cina, p. 49. -Franco, Annus gloriosus, pp. 458, 719.

印度日本信札 (Epistolae indicae et japonicae, Louvain, 1570) 所收巴萊多神甫之信札有四。第一是一五五四年致聖依納爵 (St. Ignace) 書，述方濟各死及日本會務事（八六頁）。第二是一五五五年十一月二十三日致印度諸同僚書，述自滿剌加赴星加坡 (Singapour) 及自星加坡赴上川在聖方濟各墓前舉行彌撒事（一二九頁）。並在此書中述中國事尤致意於廣州城市政治風俗等事。曾言華人入教之困難及成功之方法；書末言其行赴日本。第三是一五五八年一月八日在柯枝 (Cochin) 致本會會士書，述 Lampacum 島與廣東之隣城，並詳言日本事（一五四頁）。第四是一五六一年十二月三十一日書，亦發自柯枝，僅存節略，彼在此書中擬偕葡萄牙使臣赴中國（二六一頁）。（註四）

（註四）關於巴萊多神甫者，參看 P. Tacchi Venturi, in Ricci Opere, t. I, p. 105, note 2.

聞尚有信札數通，（註五）不知其內容有無關係中國傳道會事。其於一五五八年一月十三日在臥亞致耶穌會長書內含有中國日本傳教情報 (Informaçao de Chine a Japao para receber a Fé, Venise, 1559)。（註六）

（註五）參看 Sommervogel 書錄 (Bibliothèqe, t. V, Col. 1841 seq.)

(註六)巴萊多神甫信札之關係中國者列下：

一五五四年一月在臥亞致聖依納爵書，言方濟各死事。（沙勿略事輯二册七五五頁引。）

一五五四年五月在柯枝致聖依納爵書。（同書七五五至七七一頁。）

一五五四年十一月三十日在滿剌加致里斯本耶穌會書。（Faivre 日本傳道會信札三三至三七頁。）

一五五四年十二月三日在滿剌加致聖依納爵書。（沙勿略事輯第二册七四八至七五五頁。）此書在一五五五年發出，九月達里斯本，復於十月十五日轉寄意大利，十一月二日達羅馬。（布魯書第二册三九一頁註二。）（據 Schurhammer, Pinto und peregrinaçam, Asia Major, 1927, p. 20）此書似致 Mirao 神甫者。

一五五五年十二月二十三日致臥亞耶穌會士書。此書雖有人謂發自廣州(Faivre, pp.72-85) 或上川 (Schurhammer, Frois, p. 49)；但似自澳門發出。Polanco(Chronicon S. J. t. V. pp. 714-721)曾引用之。——Mendez Pinto亦於一五五五年十一月二十日在澳門作書。(Schurhammer, Pinto p. 21.)

一五五八年一月十日在柯枝致葡萄牙耶穌會士書 (Schurhammer, Frois, pp. 52-55 & Faivre, pp. 113-119 皆已轉錄。）此書與費賴之神甫題作一月八日之書似爲一書。

一五五八年一月十五日（非一月十三日）書。此書含有一葡萄牙人被俘之報告。

巴萊多神甫居滿剌加時，有一葡萄牙人曾困中國牢獄六年者，對其述中國事甚詳，（Schurhammer, Pinto, pp. 61, 62; Cordier, Bibliotheca sinica, col. 790-791; Mon. Xav., t. II, p. 755; Polanco, Chronicon S. J., t. II p. 805) 別有 Mendes Pinto 在一五五四年十二月五日作於滿剌加之一書，亦應加入。

一五六一年十二月三十一日書。（余對此書無補充費賴之神甫之說。）

Brito Rebello 於一九一〇年在里斯本重刊 Peregrinaçam 時，曾刊布 Mendez Pinto 一書，巴萊多二書 Luis Froez 二書。

Frois 神甫在一五六一年從滿剌加寄回被俘葡萄牙人 Galiote Pereira 之中國情報 Gago 神甫曾見之(Schurhammer,

Pinto, p 61, note 1.)

以上皆裴化行神甫補註。

第三　培萊思傳葡萄牙人

一五六五年入華

巴萊多神甫經行後未滿六年，葡萄牙國王 don Sébastien 承其父 Jean III 遺命，命印度新總督 don François Coutinho de Redondo 遣使赴北京。遂以方濟各之摯友 Jacques Pereira 爲首領，率領耶穌會士數人往彼，於一五六二年四月偕培萊思 (François Perez) Emmanuel Texeira 二神甫及 André Pinto 修士（有一舊鈔本謂第三人是 Balthazar Gago 神甫）(註一)自臥亞向廣州出發，一五六三年七月二十六日抵澳門。中國人疑之，不許入境，遷延二年，諸神甫進入中國內地之計畫終歸完全失敗。(註二)

（註一）案 Balthazar Gago 神甫未預使列，其事甚明。—此神甫以一五二〇年生於里斯本，研究文典四年，然後在一五四六年入會，一五四八年奉派至印度，一五五二年聖方濟各遣之赴日本。傳教日本八年，以疲勞故，於一五六〇年十月二十七日自日本首途還遇颶風，漂流至海南島，是年十二月二十四日始抵澳門；一五六一年一月一日重在澳門登舟，同月二十日抵滿剌加；後在一五八三年歿於臥亞。其在一五六二年十二月十日發自臥亞之信札，於研究中國傳教史上頗有關係。（裴化行神甫補註。）

（註二）培萊思神甫事蹟，閱聖方濟各傳（布魯本第二册四六九頁）者皆熟知之。其奉使之情形，詳見 Sacchini 神甫書 (2e part., liv. VII, nn. 127-130, 140.) 及 de Souza 神甫書（t. I, pp. 738-740; t. II, pp. 372-373.）

一五六三年時，彼曾得澳門代主教 Gregorio Gonzalez 之許可，於聖週中組織一種聖蹟遊行 procession du Saint-Sa crement)。在此年中曾偕 Texeira 神甫及派赴日本諸神甫等爲葡萄牙人執行教務，並使若干華人入教（de Souza 書）。（裴化行神甫補註。）

Texeira 神甫信札可考者，有一五六四年發自廣東之一信札，見 Cartas que os Padres……Coïmbre, 1570, p. 377 著錄。(註三)

(註三)尚有一信札係一五六九年一月二日發自臥亞者，見 Streit, Bibliotheca Missionum, IV, no. 1295.

次年培萊思復謀入內地，一五六五年十一月二十一日進至廣州，上書二通於中國官吏，一華文，一葡文，述其職業，並華之目的，與其欲居中國之志願。中國官吏以舊例不許外人入居中國，拒絕不允。（de Souza, Oriente, t. II, p. 371, - Bartoli, Cina, p. 150,- Colombel, Histoire de la mission du Kiang-nan t. I, pp. 15 seq.-Montalto, Historic Macao, p. 30.)

一五六五年培萊思神甫始在澳門建一小屋以爲駐所，未久改駐所爲學校。Cardim 神甫之日本記事 (Relation du Japon, 1645) 法文譯本九頁記有云：「澳門之本會學校建築於一高處，平常足容六十人。已而改爲大學，授諸學科，自文典以至神學皆備，畢業者授博士學位。吾人之禮拜堂興建於一六〇二年，裝飾甚麗，堂前正面有諸聖者銅像，復有聖母像及聖伯多羅 (St. Pierre) 及聖保祿 (St. Paul) 二宗徒像。諸神甫在學校外別爲華人建築聖母庇蔭之禮拜堂一所，凡入教者皆於其中受洗，諸神甫等在其中用華語說教。……附近有志願受洗人居處一所，小修院二所，一爲葡萄牙兒童設立，一爲日本人設立。」

一七五九年葡萄牙國王驅逐境內耶穌會士時，此禮拜堂及學校，並爲澳門參事會 (sénat) 沒收。學校變爲軍營。禮拜堂則在一八三五年一月二十六日毀於火，火起於午後六時至八時一刻，全堂皆燼，僅餘堂之正面獨存。(Annuaes maritimos e coloniaes, no, 1843; Cf. Marques, Ephemerides, pp. 9 seq. -H. Cordier, L'arrivée des Portugais en Chine. in Toung-pao, t. XXII (1911), pp, 483 seq.)

第四　黎伯臘黎耶臘合傳葡萄牙人

黎伯臘 (Jean-Baptiste Ribeyra) 黎耶臘 (Pierre-Bonaventure Riera) 二神甫於一五六八年抵澳門。(註一)耶穌會長 Jacquees Laynez 曾命彼等務用種種方法進入中國內地。彼等始求廣州官吏許彼等入廣州城，廣州官吏拒之。黎伯臘神甫氣質頗欠沈着，不顧諸道長之言，欲密入廣州。因與一中國船主同謀，冀於夜間矯裝潛入內地。孰知船主狡詐，應如約載之至南安者，乃載之重返澳門。(de Souza, Do Oriente, t. II, p. 413)。(註二)

(註一)時澳門城甫興。葡萄牙人初至澳門，事在一五五四年，蓋因貨物爲風雨所浸，欲在澳門灘上曝曬也。先是葡人貿易之所，在上川 Tamao 或 Lampaçao 等處。曾在其地結有茅屋若干，已而南人用磚石木料建築房屋。一五五七年時有若干中國叛人憑踞澳門，抄掠廣州全境，「所過之處，肆爲焚毀，受害者不僅鄉野，村鎭亦受其劫。省中官吏不能剿滅盜賊，求助於上川之葡萄牙人。葡萄牙人爲數雖僅四百，賴天主及聖方濟各之助，擊散羣盜。中國人獎其功，許葡萄牙人在澳門停留居住，惟不許其築城置礮。」(Cardim 日本記事六頁。)

一五八六年四月十日，此城正式名曰「中國天主之城」，並賦以若干特權。(Marques, Ephemerid., p. 34.)

一五八三年印度總督 don Edouard de Menezes 在澳門設置參事會 (leal Senado) 一所，一五九一年西班牙葡萄牙國王 Philippe II 核准之。(Man. de Campo Sampayo, Os Chins de Macao, p. 56.)

Cf. Montalto de Jesus, Historic Macao, pp. 18 seq. -Cordier, Arrivée des Portugais en Chine, T'oung-pao, t. XXII(1911), pp. 540 seq.

(註二)黎伯臘神甫並爲幼年樞機員 Cardinal Charles Barromée「歸依」事而離羅馬。(一五六五年九月五日)

彼與黎耶臘神甫在一五六七年同離臥亞而赴澳門。

在澳門失敗後，重返臥亞，於一五七四年復歸歐洲，擔任會中總會計員兼書記等重要職務。(Schurhammer, Frois, p. 261, n. 2.)

現存有一五七五年十月十八日致會長信札一件殘文。(Tacchi, Venturi, t. I, p. 106, n.)

黎耶臘神甫係於一五七四年十月在臥亞海中溺斃。(de Souza, t. II, p. 18.)(裴化行神甫補註。)

第五　加奈羅傳葡萄牙人

一五四三年四月二十五日入會——一五七六年入華——一五八三年八月十九日歿於澳門

加奈羅爵 (Mgr Melchior Carneiro) 生於 Coïmbre 以一五四三年四月二十五日入會，一五五一年被任爲 Evora 學校校長。一五五五年任 Nicée 主教，並預定繼承 Ethiopie總主教職，然未能涖職，退居臥亞。一五六七年奉教皇 St. Pie V 命爲中國日本之第一任主教。是年卽赴澳門管理此廣大教區。

一五七六年有幼年僧人入教受洗者，被同國人勒令出教，彼曾赴廣州爲之辯護。此新入教之僧徒曾被杖，投獄中。主教雖持有護照，脫非同行葡萄牙人之助，幾不能出中國法庭。但彼終不願棄此新信徒，爲之力辯，法官終釋此新信徒出。

嗣後彼在澳門爲異教徒及基督教徒各建醫院一所及收容所一處。於一五八三年八月十九日歿於澳門之中國城中。(註一)其遺體葬於聖保祿教堂內，時人爲建一壯麗墓堂。(de Souza, Do Oriente, t. II, p. 479. -Nieremberg, Claros varones, t. III, pp. 690 seq.)

(註一)先是加奈羅辭職，曾被許可，蓄在一五六九年 don Léonard de Saa 曾奉命繼其任也。此主教何時至澳門未詳，一五八二年時必已抵任。一五九七年彼在臥亞赴澳門途中，亞齊 (Achem) 附近曾被馬來海盜所俘。後教區分爲二，日本教區歸耶穌會 Sébastien de Moraes 神甫管理，中國教區於一六〇五年歸宣教師會(Ordre de Frères Prêcheurs)之 Jean de Piedade 神甫管理，(de souza, do Oriente, t. II, p. 590. -H. Cordier, Arrivée des Portugais, l. c.)

加奈羅爵信札現存者有二，一爲一五五五年發自 Mozambique 者，一爲一五五七年十二月二十四日發自臥亞者，並爲中國毫無關係；Carta escrito do Macone (Macao) 載有一五六二年十一月二十日致 Geral 神甫書，內言冀於中國開闢一傳道會事。In Lettere dell'India orientale, in-8, Venezia, Ferrari, 1580, & Lettere del Giapone, Roma, 1578 (cf. Sommervogel, Bibliothèque, t. II, col. 757 seq.)

第六　范禮安傳意大利人

一五三八年十二月二十日生（註一）——一五六六年五月二十九日入會——一五七三年九月八日發願——一六〇六年一月二十日歿於澳門

參考書目　Alegambe, Bibliotheca. -Bartoli, Cina, p. 153. -Boero, Ménol, 20 janvier. -Drews, Fasti, 20 janv. -Orlandin, Historia. -Nadasi, Annus, 20 janv. -Nieremberg, Varones, t. IV, pp. 481 seq. -Trigault, Expédition, pp. 24), 881 seq. -Semedo, Histoire, p. 250. -Ricci, Opere, cf. Index, t. II, p. 568.

范禮安 (Alexandre Valignani) 神甫字立山，生於納玻利 (Naples) 國之 Chieti 城，名族之裔也。年未十九得 Padoue 大學法學博士學位，爲樞機員 Altemps 之旁聽員 (auditeur)。一五六六年在羅馬入耶穌會，同年五月二十九日入聖安德 (St-André) 修院見習，並研究神學二年，爲修院助教，晉司鐸後，爲修院教習。

註一　Brucker 考訂作一五三九年二月。

Everard Mercurian 神甫見其能，立囑其發四願，命爲東方全境之視察員 (visiteur) 兼副主教 (vicaire général)。范禮安於一五七四年偕同伴三十八人自里斯本首途赴印度，視察畢赴澳門（一五七八），留十月，旋赴日本。(Nieremberg, Varones, t. IV, pp. 480 seq.)

彼見本教未被中國，極爲感動。中國雖拒外人入境，然不足以阻其行。最初嘗試失敗，彼不因之而氣餒。曾德昭

(Semedo) 神甫記有云：「聞人言范禮安神甫一日在澳門學校窗內目矚陸地，而大聲呼曰：『巖石！巖石！汝何時得開？』」(Semedo, Histoire, p. 253.)

范禮安乃解其事業經營以前，須先訓練職工。最要之條件，首重熟悉華語。於是函請印度區長 Vincent Ruiz 遣一堪任此職之人來，並於離澳門前筆錄其旨，以備未來傳教師開始肄習者參考之用。

初奉命者是 Bernardin de Ferraris，然未及趕至柯枝 (Cochin) 乘船出發。遂以羅明堅 (Michel Ruggieri)(註二) 神甫代其往，其後不久利瑪竇 (Mathieu Ricci)，巴範濟 (François Pasio) 二神甫繼之。范禮安至日本，勸化有馬郡 (Arima) 藩主及其家屬數人入教，爲之授洗，勸奉基督教之藩主三人遣使往朝教皇，並建設學校小修院數所。(Trigault, op. cit. p. 88.)

(註二) 北平圖書館藏鈔本作羅明璧。

彼巡歷諸國三次，陸續航行印度及中國海上垂三十二年，後於一六〇六年一月二十日歿於澳門。當時教中名人擬其事業與聖方濟各等，而 Evora 之大主教 don Teutonio de Bragance 曾以「東方宗徒」之號奉之。

范禮安神甫之遺著可考者列下：

(一) Litterae de statu Japoniae et Chinae ab anno 1580 ad an. 1599, in la collection d'Evora, Cartas……1598,

（二）Commentarii ad Japonios, et ad caeteras Indiae nationes christianae fidei mysteriis imbuendas, in Bibliothèque de Possevin, t. I, liv. 10 & 11.

（三）de Jarric 神甫（Histoire, t. II. c. 17）以爲別有一書亦出范手，書題 De Chinensium admirandis。考耶穌會士 Hugo 所撰書 De rebus japonicis, indicis, et peruanis a J. Hugo, Anterpiae, 1605, pp. 883-900. 確著錄有書名 Admiranda regni sinensis 疑爲范之著作。此書敍述中國之地理政治風俗，除若干過諛之詞外，所可驚者，大部份皆適應中國之現狀，雖爲三百年前之舊作，今日尚可完全採錄。此書今重刊於沙勿略事輯第一册一五八頁以後。(cf. Tacchi Venturi, Ricci, Opere, t. II, p. 417, note 2.)

Hugo 神甫書九一一頁著錄有范禮安之別一信札，係於一五八六年一月十七日在柯枝致耶穌會長 Aquaviva，言中國傳教之進步及其未來之希望者。（註三）

（註三）利瑪竇對於中國教徒適用禮儀之訓令（見利瑪竇傳附註），范禮安神甫曾審查而核准之。(Gabiani, De retibus Ecclesiae sinicae permissis, I, In Etudes, 1910, t. 124, p. 775.)

Tacchi Venturi, t. I, p. 152, n. 2 列舉有一五八〇至一五八九年間范禮安致耶穌會長之信札 —— Cordier, Bibl., col. 794, 795, 800, 著錄有二札，一發自柯枝作於一五八七年一月十四日，一作於一五九九年十月十日，並致耶穌會長。Hay（非Hugo）書九一一頁著錄之柯枝信札，所題年月是一五八八年一月四日，費賴之作一五八六年一月十七日，Sommervogel, VIII, 405 作一五八二年，並誤。（裴化行神甫補註。）

（四）尚有若干信札見後書著錄：Federigo Valignani, Rime per Carolo VII Borbone, in-8, Napoli,

751, (cf. Sommervogel Bibliot. t. VIII, col. 403 seq.)

第七 羅明堅傳意大利人

一五四三年生——一五七二年十月二十八日入會——一五八〇年（註一）入華——一六〇七年五月十一日歿

參考書目 Alegambe, Bibliotheca, 616. -Bartoli, Cina, pp. 153, 222. -Couplet, Catal., 3. -Drews, Fasti, 11 mai. -Colin, Histoire, pp. 171, 177. -Huc, Le christianisme, II, c. 2. -du Jarric, Histoire. -Jouvancy, Historia, p. 846. -Henrion, Hist., générale, t. II, p. 36. -Nadasi, Annus, 11mai. -Nierembrg, Claros, t. IV. -Patrignani, Ménol., II mai. -Semedo, Histoire, p. 251. -Trigault, Expédition, pp. 243. -Martini, Brevis relatio, p. 8 -Ricci, Opere, t. II.

羅明堅（註二）(Michel Ruggieri) 神甫字復初，生於納玻利國 Venosa 教區中之 Spinazzola 城。受兩種法學博士學位，曾在朝中任顯職，二十九歲辭職入修院學道。彼自覺宜於傳道遠方，遂不待神學研究完畢，請於 Everard Mercurian 神甫，得派赴印度。一五七八年偕 Rodolphe Aquaviva 巴範濟 (François Pasio) 利瑪竇 (Mathieu Ricci)，Nicolas Spinola 諸神甫等在里斯本登舟，抵臥亞。區長 Vincent Ruiz 神甫遣之至 Pêcherie 沿岸勸化異教人入教，已而命之至柯枝，乘船赴澳門。（Franco, Synopsis Annalium, P. 116. -Nieremberg, Claros varones, t. IV, pp. 334 seq.)

（註一）西加 (Sica) 目錄作一五八一年。

（註二）北平圖書館鈔本作羅明鑒。

一五七九年七月抵澳門，范禮安神甫已行。彼接讀范禮安神甫所留之訓示決嚴守之，惟後此曾對人言，彼得悉訓示之內容後，大驚駭，脫非憶及服從之義，將為之氣沮。自是以後，諸友識輩以其虛耗有用之光陰，從事於永難成功之研究，有勸阻者，有揶揄者，然彼皆不為所動。祇有 Gomez（註三）神甫一人始終鼓勵之。（本一五八〇年十一月八日致會長 Mercurian 書，見 Ricci, Opere, t. II, pp. 397 seq.

（註三）Gomez 神甫西班牙人，約在一五三四年生於 Antequerra。一五五三年入葡萄牙之耶穌會，教授哲學八年，已而教授神學，並在 Terceyre 島執行教務。後被派赴日本，然曾停留澳門若干時，嗣後任日本副區長九年，於一六〇〇年二月一日歿於日本。遺有若干關於中國之記錄。（Alegambe, Bibliotheca, p. 673.）

「彼尚感有另一困難。澳門團體諸道長意度其永遠不能操華語，寫華文，常阻擾其學業，而命其執行教務。范禮安神甫聞之，作書諭諸道長禁其阻擾彼之學業。」（Ste-Foi. Vie du P. Mathieu Ricci, p. 266.）

羅明堅神甫之第一授業師為一中國畫師，利用其毛筆教授中國文字形義。迨彼自信所學已足之時，遂欲入中國內地，蓋彼以為必須與中國官吏相應接也。（Trigault, Expédition, pp. 234 seq. -Ricci, Opere, t. I, pp. 109 seq.）

時葡萄牙人與中國貿易，每年有一定時期，限在廣州附郭舉行，日入後葡萄牙人必須歸舟，不許逗留中國境上。羅明堅神甫利用此種情況而與中國若干官吏接近，請許彼留居陸上；蓋其在呈文中云：既為司鐸，必須逐日敬奉天主，不能處處追隨葡萄牙人也。

中國官吏似認其請求正當，許其居陸（一五八〇）。且喜見一歐羅巴人善華語，許其居於每年款待暹羅貢使之驛館中。由官吏之優待，遂引起華人之注意，尤引起澳門華人之注意，因有數人意欲入教。羅明堅神甫居澳門時，建設志願受洗所一處。(Trigault, Expédition, pp. 237 seq. -Ricci, Opere, t. I, pp. 110 seq.)

時兩廣總督狡而貪，命人至澳門諭澳門長官及主教，用歐羅巴商人首領之名義，來肇慶晉謁。是加辱於葡萄牙人也，然無敢違命者，緣澳門甫與違之則有礙於澳門之將來。葡萄牙人乃取一折衷辦法，以羅明堅神甫代主教，以一富商代澳門長官，齎貴重物品往，以厭足總督之貪心。遣使抵肇慶，受盛儀之款接，總督見所呈之異物甚喜，許羅明堅神甫居留內地。(Trigault, Expédition, pp. 246 seq. -Ricci, Opere, t. I, pp. 112 seq.)（註四）

（註四）羅明堅神甫居肇慶時，斐律賓參事會及總督於一五八二年遣 Alphonse Sanchez 神甫赴澳門，宣示西班牙葡萄牙兩國合併，同隸 Philippe II（一五八〇）；事此神甫善於遊說，澳門長官 don Juan d'Almeyda 諸管理員(Regidors)暨主教 don Léonard de Saa 並承認新主而表示服從。至是 Sanchez 神甫遂赴廣州，欲與中國官吏議中國與斐律賓羣島自由通商事。彼曾與羅明堅神甫會商，然兩廣總督拒見西班牙使臣，此神甫遂返馬尼剌(Manille)，旋歸西班牙，於一五九三年五月二十七日歿於 Alcala。其人以一五四一年生於 Mondejartra，一五六三年入修院。— Madrid 圖書館藏有此神甫所撰鈔本一部，題曰 Relacion de las cosas particulares de la China, p. 192.（Alegambe, Bibliotheca, p. 41. -Colin, Histor., pp. 171 seq.）

會利瑪竇新抵澳門，攜自鳴鐘一架來。總督陳某欲得鐘，致書羅明堅，延之至肇慶，囑攜鐘與俱。一五八二年十二月十八日明堅偕巴範濟神甫，又修士一人，中國青年數人，於十二月二十七日抵肇慶，得許居東關某佛寺中。是爲中國內地之耶穌會第一會所。(Trigault, Expédition, pp. 237 seq.)

當是時也，總督黜職，二神甫被迫重返澳門，範濟入中國內地之望既絕，遂奉視察員命登舟赴日本。明堅瑪竇因建設房屋及禮拜堂各一所，事請命於新總督郭某(註五)，皆未獲准。已而新總督意轉，二神甫於一五八三年九月首途赴肇慶。(Trigault, Expédition. p. 25. -Bartoli, Cina. p. 172.)

(註五)鈞案明史卷二二一：郭應聘字君賓，莆田人，嘉靖二十九年進士，萬歷中進右都御史，兼兵部右侍郎，總督兩廣軍務，前總督多受將吏金，應聘悉謝絕。又考廣東通志應聘總督兩廣事在萬歷十一年（一五八三）至十四年（一五八六）年間。

先是明堅居肇慶時，有附生 Kin Ni ko (註六)者，研究教理，習誦禱文。明堅曾建一神壇於其家。明堅等重返肇慶時，見神壇如故，附生某並大書天主二字於上，並逐日跪壇前致禱詞。(Trigault, Expédition, p. 266. -Ricci. Opere, t. I, pp. 27 seq.)

(註六)此名譯寫應誤，利瑪竇作 Cin Ni-co (Tacchi, I, 126) 或 Cin nico (I, 149)，其姓爲陳爲鄭爲秦，皆未可知，然不得爲朱。其人受洗名若望 (Jean)。（德禮賢 (d'Elia) 神甫補註。）

其人雖有志信教，然非受洗之第一人。一日諸傳教師行城牆下，見一病者衣襤褸臥地上。羅明堅神甫憫其苦近前慰之。其人言得不治疾，爲親屬棄於此。諸神甫憫其苦界之至，寓所爲之診治，逾數日詢其人是否欲奉耶穌基督之教。其人答曰：「我願爲基督教徒，我爲一無識之人，固未習此教，然觀教中人發如是善心，其爲眞教無疑。」由是其人遂受洗，安然病終。此大帝國之第一受洗人，蓋一爲人所棄窮而無告之人也。(Trigault, Expedition, p. 282, -Ricci, Opere, t. I, p. 133.)

肇慶總督善遇諸傳教師，曾蒞其寓所訪之，城中其他官吏及重要士人亦皆過訪。諸神甫於晤談中藉述教理，然金尼閣(Trigault)神甫云：「此事雖獲贊許而無成績。過訪之官吏雖見所言之教理完善，無可駁詰，然別後仍淡漠視之。但諸神甫利用此種談話練習華語，羅明堅神甫並撰一教義綱領 (catéchisme)，囑諸文士潤色之。總之，彼等雖屢經困難，幸微有成績，堪自慰也。(Trigault, Expédition, pp. 283 seq. - Ricci, Opere, t. I, pp. 136 seq.)

時爲澳門會團道長者是 Cabral 神甫(註七)。一五八四年十一月二十一日，彼赴肇慶爲二志願受洗人公開授洗。其一人是福建士人，另一人是上述保存神壇之某附生。Cabral 神甫以是事報告視察員范禮安神甫，喜甚，求印度區長遣派二新神甫來，一名孟三德 (Edouard de Sande)，一名麥安東 (Antoine d'Almeyda)。(Trigault, Expédition, pp. 288 seq., 316 seq. Ricci, Opere, t. I, pp. 136 seq., 151 seq.)

(註七)François Cabral 約在一五二八年生於葡萄牙之 Covillano，一五五四年在臥亞入會，一五六九年發願。歷任臥亞 Baçaim 柯枝等處會團長，日本副區長，澳門會團長，視察員，印度區長，最後爲臥亞誓願修院管理員，歿於一六〇九年四月十六日。(Alegambe, Bibliotheca, p. 21[illegible].)撰有 Annuas litteras e Sinis annorum 1583 et sequentis。別有致范禮安神甫書，作於一五八四年十二月五日，見 Tacchi, t. II, pp. 427-435。

一五八五年兩廣總督奉朝命購進歐羅巴異物，乃託羅明堅神甫在澳門採辦。已而總督昇他官，約攜明堅至其故鄉紹興府，明堅許之，偕麥安東神甫同往，一五八六年一月抵紹興城。總督父延二神甫於其家接受洗禮。城中官吏常宴請二神甫，二神甫逐日對衆人解說基督教義。(Trigault, Expédition, pp. 320 seq. -Ricci, Opere, t. I, pp. 151 seq.)

明堅闢此新區，意猶未足，欲在湖廣建設一第三傳教所，然迄未能成。嗣後赴廣西桂林，其初獲善待，已而受誣謗而被驅逐。明堅遂返肇慶，有若干不良基督教徒訴耶穌會士於官府，人民羣起攻之，會水災起，民衆掠其居宅。(Trigault, Expédition, pp. 325 seq. -Ricci, Opere, T. I, pp. 162 seq.)

時諸神甫之地位頗不安定，隨官府之喜怒爲轉移。則欲地位鞏固，勢須請求宗座正式遣使於北京；羅明堅神甫久居中國，熟知人情風俗，視察員遂以此重大任務委之。(Trigault, Expédition, p. 353. -Ricci, Opere, t. I, pp. 172 seq.)

明堅於一五八八年自澳門登舟，一五八九年安抵里斯本，復由里斯本抵 Philippe II 宮廷，以此事告此國王；會羅馬四易教宗，(Sixte V, 1590; Urbain VII, 1590; Grégoire XIV, 1591; Innocent IX, 1591)，此事因之延擱甚久，明堅見其事無成，且疲勞甚，遂歸 Salerne，於一六〇七年歿於此城。(Trigault, loc. cit.- Ricci, loc. cit.)

羅明堅神甫之著述列下：

（一）聖教實錄一卷，一五八四年本，是爲歐羅巴人最初用華語寫成之教義綱領，於一五八四年十一月杪刻於廣州。

（二）一五八三年以後作於中國之信札，經 Nuovi avvisi del Giapone, in-8, Venetia. apprensi Gioliti, 1586 著錄者，計有四通。（1）在一五八三年二月七日作於肇慶；（2）在一五八四年十月二十一日作於澳門；（3）在一五八四年五月三十日作於肇慶；（4）在一五八四年十月二十一日作於澳門。別有一第五書係致會長者，作於一五八六年十一月八日，見 Annales Indiques, Anvers, 1590. pp. 157 seq. 著錄。Ricci. Opere. t. II, pp. 395 seq. 搜集有羅明堅書數通，始一五七八年，終一五八六年，編號爲一，二，三，四，十，十三。

Sommervogel, Bibliothèque, t. VII, col. 307 seq. 著錄有書二部，一名教要，一名天主聖教，殆爲聖教實錄之別名，非別有二書也。同一書錄補編(t. IX, col. 826) 著錄有羅明堅神甫鈔本一部，現藏羅馬 Vittorio-Emmanuele 圖書館，(Mss. gesuitici, 1185 (3314)) 標題作 China, seu humana institutio.

第八　巴範濟傳 意大利人

一五五一年生——一五七二年入會——一五八二年入華——一五九一年發願——一六一二年八月三十日歿於澳門

參考書目 Alegambe, Bibliotheca, p. 240. -Bartoli, Cina, p. 160. -Couplet, Catal., n. 3. -Orlandini, Historia, -Ricci, Opere, t. I, II. -Trigault, Expédition, t. II, pp. 247 seq.

巴範濟（François Pasio）神甫字庸樂，生於 Bologne；一五七八年赴印度。原被遣赴日本，然范禮安神甫離澳門時，留有訓示，謂利瑪竇神甫專事辦理志願受洗人事務；時巴範濟應往輔助羅明堅神甫，但若其不能入居中國，則可立往日本。（Trigault, Expéd., pp. 247 seq. -Ricci Opere, t. I, pp. 120 seq.）一五八二年十二月範濟隨明堅至肇慶，事具明堅傳。已而被驅逐，遂赴日本傳教，甚力。彼爲副區長者數年。一六一二年受命爲中國日本兩國傳道會之視察員，先赴中國視察；是年四月登舟，甫抵澳門未久死，時在是年八月三十日也。Bartoli 云：「其爲人德行高超，全區之人感其溫厚，及其死也，咸爲悲泣。」（出處同前。）

彼除撰有一五九七，一五九八，一六〇一諸年日本年報（Annuae）及各種信札外，一五八三年撰有 Litterae annuae Sinenses，一六〇四年前後撰有 Memoriale ad SS. D. N. Papam Clementem octavum, (Pagès, La religion, Annexes, p. 53. -Cf. Sommervogel, Bibliothèque t. VI, col. 387 seq.) Tacchi

Venturi 在 Ricci, Opere, t. II, Appendice, n. 5, 6, 7, 中著錄有一五八二及一五八四年巴範濟神甫信札三件。

第九　利瑪竇傳意大利人

一五五二年十月六日生——一五七一年八月十五日入會——發願年未詳——一六一〇年五月十一日歿於北京

參考書目　Alegambe, Bibliotheca, p. 537. -Aleni, Vie de Li Mateou. -Bartoli, Cina, liv. II. -Bayer, Museum. -Cardoso, Agiologio, 11 mai. -Couplet, Catal., n. 2. -Crétineau-Joly, Histoire, t. III, p. 166. -Drews, Fasti, 11 Mai. -du Halde, Description, t. III, pp. 70 seq. -Huc, Le christianisme, t. II. -du Jarric, Histoire, III, ch. 43 seq. -Jouvancy, Historia, pp. 505 seq. -Kircher, China, pp. 98. -Le Comte, Nouveaux mémoires, t. II, p. 142. -Nieremberg, Los claros, I, pp. 588 seq. -Nocentini, Il primo, passim. -d'Orléans, Vie. -d'Oultreman, Tableau, p. 278. -Patrignani, Menologio, 11 mai. -Alb. Rémusat, Nouveaux mélanges, II, p. 207. -Ricci (Matteo), Opere storiche (P. Tacchi Venturi), Macerata, 1911 seq. -Sainte-Foi, Vie. -Semedo, Histoire, pp. 255 seq. -Trigault, Expédition sacrée, 2e partie. -Wylie, Notes.

利瑪竇 (Mathieu Ricci) 神甫字西泰，彼出生於 Ancône 州 Macerata 城之時，幾適在聖方濟各沙勿略病歿上川之際。初就學於一教會職員名 Nicolas Bencivegni 者，其人後入耶穌會。Macerata 城之耶穌會學校創設以後，瑪竇就學於中亙七年。瑪竇研究文學畢，一五六八年時被遣送至羅馬肄習法學。羅馬會團新建聖母會，彼曾入會，已而自覺適於教會生活，乃入耶穌會，以一五七一年八月十五日入聖安德修院。(Nocentini, Il primo, p. 7.- Tacchi Venturi, Ricci, Opere, Proleg.)

瑪竇修士在修院中立願赴印度傳道，掌院許之。彼留居羅馬之餘時僅從事於此種事業必須之研究，一五七七年五月十八日赴里斯本。一五七八年三月二十四日附 St. Louis 舟赴印度，時神學研究未畢而未晉司鐸位也。(Franco, Synopsis, p. 116. -Tacchi Venturi, Opere, Proleg.) 同年九月十三日抵臥亞。在柯枝畢業後，開始教授修辭學。(Nocentini, Il primo, p. 8. -Tacchi Venturi, loc. cit.)

一五八〇年七月二十六日授司鐸，一五八二年四月范禮安神甫召之赴澳門，是年八月抵澳門，立時研究華語，次年隨羅明堅神甫赴肇慶（一五八三年九月）。瑪竇居肇慶時，因民變幾受害，然能乘時研究認識中國之精神與性質，不久感覺傳道必須先獲華人之尊敬；以爲最善之法莫若漸以學術收攬人心，人心既附，信仰必定隨之。（一五八〇及一五八一年柯枝及臥亞信札，一五八三年二月十三日澳門信札並見 Opere, t. II, 附錄。）

初瑪竇就學羅馬時，受業於著名之 Clavius 神甫，因精於數學及地理，至是遂製一地球全圖。華人初以中國居世界之大部份，周圍皆小國，又以大地方形而中國居天下之中，及見瑪竇所製之圖，始憬然自明其誤。（Nieremberg, Claros, t. I, pp. 596 seq. Lettres édifiantes, t. 14, préface p. VII.）

其學術既爲華人所器重，所製之地圖復爲華人羨賞。瑪竇遂進而製造天體儀與地球儀，並製造計時之日規以贈中國大吏，由是瑪竇遂以精於天學或天文學而得名。羅明堅神甫赴紹興府，瑪竇獨處，善收攬人心，中國文士輒來過訪與之訂交。(Trigault, Expéd., pp. 287 seq. -Ricci Opere, t. I, pp. 123 seq. -Lettres de 1584 suiv., t. II, appendice)

至是麥安東 (d'Almeyda) 孟三德 (de Sande) 二神甫至，瑪竇遂變歐羅巴姓名爲華姓名，嗣後諸傳教師皆從之。已而又有風波起，瑪竇幸得脫，而石方西 (de Petris) 之援至。至是入教之官吏開始接受基督教理大義，有要族數家受洗，新教徒人數增多，公教禮儀遂能舉行。(Trigault, Expéd., pp. 360 seq. -Ricci, Opere, t. I, pp. 133 seq.)

一五八九年新總督某羨瑪竇所建之歐羅巴居宅之麗，而奪取之，諸神甫等被迫返澳門。比至澳門，總督遣使召之回肇慶，蓋總督欲居廉吏名，雖不願以宅歸之，而欲償其價也。諸傳教師不受價，祇望能在別一城中居住。總督遂指定韶州爲其居所，州與江西接境。瑪竇在韶州城內購地建屋，然有鑑前事，不復用歐羅巴式而用華式建築居宅及禮拜堂各一所。(Trigault, Expéd., pp. 393 seq.-Ricci, Opere, t. I, pp. 172 seq. —— 一五八九至一五九四年間瑪竇諸信札。)

有名士瞿太素者，初識瑪竇於肇慶，至是至韶州，願奉瑪竇爲師。太素初冀從瑪竇得仙丹，然所肄習者乃爲宗教眞理，與夫數學、幾何、重學等課目。太素得瑪竇之薰陶，頗有心得，迨至其受洗（一六〇五）後，瑪竇之名遂以大彰，蓋太素學者而兼名士，影響輿論實深也。(Trigault, Expéd., pp. 418 seq. -Ricci, Opere, t. I, pp. 179 seq.)

瑪竇乘暇遊南雄，爲若干志願受洗人授洗。當是時也，麥安東神甫死，繼任之石方西神甫亦相繼去世，瑪竇復爲孤身一人矣。「其同伴鍾巴相(Sébastien Fernandez)修士，華籍人也，見其佈種多而收穫少，一日語之曰：『神甫，吾輩可離中國而往日本，其地信者之多，受洗之衆，不如赴彼以終餘年。』……然神甫信念深而希望固，遂以先知之語答之，謂所種植之葡萄將來必定豐收。」(Semedo, Histoire, p. 258.)

一五九四年，郭居靜(Lazare Cattaneo)神甫至，適當其時，瑪竇遂能履行其謀赴北京之計畫。次年攜入會之二青年，皆澳門人，隨起復之大吏某北行，瑪竇曾爲大吏子診病，冀緣此隨之入都也。時瑪竇因居靜之請，及日本主教 don Louis de Cerqueira 暨視察員范禮安之許可，已易僧服爲儒服。此種易服嗣後經耶穌會長及教宗追認之。(註一)(Bartoli, Cina, p. 256. -Trigault, Expéd, p. 473. -Ricci, Opere, t. I, p. 241.)

(註一)此種習慣後此諸神甫中皆保存之，然前在歐洲曾授嚴烈之批評，觀洪若翰(de Fontaney)神甫之一信札足以證也。羅文藻(Mgr Lopez)主教曾經核准此種習慣。(Lettres édif., t. III, p. 59.)

瑪竇逾梅嶺後，溯贛江而上，此江素以灘險名，瑪竇所乘之舟觸灘沉沒，舟中人皆落水。隨從之青年名 Jean Barradas 者溺斃，瑪竇得主佑獲救。「彼墜江頭沒水中，不知游泳，無復生之望也，忽手觸一船繩，得脫此厄。」(Semedo, Histoire p. 259) 孰意禍不單行，同行之大吏恐攜一外國人入境而獲咎，欲遣之回廣州；瑪竇力請，始許偕其行李至南京，而大吏本人則遵陸北行。(Trigault, Expéd., pp. 483 seq.)

至是瑪竇復除主佑外無他助，遂過南昌府城，渡鄱陽湖，循大江而下，至於南京。既抵南京，不爲官吏所容，復還江西，重買舟就來途，「既逆流復逆意也。」(Trigault, Expéd., p. 500.)彼似在此行中夢見救世主持十字架慰而語之云：「我將成爾志於羅馬。」(註二)(一五九五年十月及十一月信札，見 Opere, t. II, pp. 177 seq.)

(註二)「彼似見一素所未識之人與之共語云：汝流蕩此國，蓋爲廢止舊教，輸入新敎歟？瑪竇答云：此我心事，從未對人言，汝既知之，非邪鬼即天主。入夢者答云：我非邪鬼，乃天主也。瑪竇投其足下，哀訴曰：主旣知我心願，緣何不助我成此大業？主於是慰之曰：我將助爾於兩京。已而瑪竇似覺進入京城，往來無阻。後來事果應夢中言」(Trigault, Expéd., pp. 500 seq. -Ricci, Opere t. I, pp. 252 seq.)

南昌有醫士某先識瑪竇於韶州，見瑪竇至，厚待之。賴其先容，得識城中士人。全城中人爭欲識此鬚垂及腹之泰西人。迨至其西國記法、交友論二書刊行後，其名愈重。江西巡撫欲見之，瑪竇上所撰書，並以分析太陽光色之三稜鏡一面獻之。巡撫許其居南昌。會蘇如望(Jean Soerio)神甫攜金至，因租一小屋居焉。自是以後，過訪者多有人勸其託詞不在宅中，以謝賓客。瑪竇答云：「天主不容我作僞言，事雖微，亦然。寧願過客倍增，不願言行背道」。因是識瑪竇者愈重其人其教。(Trigault, Expéd., p. 518. - Ricci Opere, t. I, pp. 258 seq.)

迄於是時，中國各處傳道之所並歸澳門會團長管理，顧韶州、南昌距離澳門甚遠，爲會團長管理所不能及。於是視察員決定設一會督(supérieur général)權限，視區長，綜理中國一切教務。一五九六年瑪竇初任是職，執行至於歿年。(一五九六及一五九七年信札，見 Opere, t. II, pp. 222 seq. -Cf. I, pp. 279 seq.) 瑪竇入京之願，從來未歇，既爲會督，愈欲作北京之行，因與省中大吏及明代宗王訂交，俾能助成此事。適有其舊識名王忠銘者，新授南京禮部尚書，入京覲見。忠銘過韶州，見郭居靜，後赴南昌，居靜先行，以此好音告瑪竇。

一五九八年，瑪竇居靜遂偕忠銘同赴南京。(Ricci, Opere, t. I, pp. 285 seq.)。爾時中國正與日本搆兵，二神甫遂買舟北上，蓋忠銘已先行矣。

及抵北京，客忠銘家，宮內宦官首領曾來訪，頗羨賞其貢物，然見彼等無煉金術，不爲上達。時有流言，謂此種外國人得爲日本人間諜，彼等爲愼重計，復返南京。(Trigault, Expéd, pp. 534 seq. -Ricci, Opere, t. I, pp. 294 seq; t. II, pp. 248 seq. 載一五九九年八月十八日信札。)

瑪竇使居靜先行，逕返南京，本人則往蘇州見其弟子瞿太素。太素勸其在蘇州建一住所，然瑪竇久病新愈，寧赴鎮江居數日，已而還南京，時在一五九九年二月也。先此未久，王忠銘抵南京，見瑪竇至，爲介紹其他官吏與之訂交。(Trigault, Expéd., pp. 580 seq. -Ricci, Opere, t, I, pp. 301 seq.)

先是瑪竇在南京購一小宅，即前此夢見天主之所，至是遂爲南京士夫聚談之處。士人視與瑪竇訂交爲榮，官吏陸續過訪；所談者天文曆算地理等學；凡百問題悉加討論，有著名道士某曾被折服而去。(Trigault, Expéd., pp. 588 seq. -Ricci Opere, t. I, pp. 311 seq.)

其後未久以善價購一官廨，蓋相傳廨有魔鬼，無人敢居其中也。瑪竇購得後，偕居靜居焉。人見瑪竇等帖然無恙，由是「我輩聖教之名大彰。」(Trigault, Expéd., p. 639. -Ricci, Opere, t. I, pp. 331 seq.)

諸士大夫中首先奉教者，乃一七十歲之武官，受洗後名稱保祿。「其子文士也，後至大官，未久亦隨之入教，全家之人皆相率從之。」(Semedo, Histoire, p. 266.)其後入教者日衆，奉教之人開始在此新住所之禮拜堂中公然高聲祈禱。(Trigault, Expéd., pp. 641 seq. -Ricci, Opere, t. I, pp. 340 seq.)

成績既佳，瑪竇遣居靜赴澳門報告，並請繼續遣輔助之人來。未久，居靜偕龐迪我 (Didace de Pantoja) 神甫齎異物甚多至南京。(註三) 瑪竇遂復欲作北京之行，貢此異物於朝。都御史某贊其事。一六〇〇年初，瑪竇偕迪我依某權閹之庇，首途入京。(Ricci, Opere, t. I, p. 344.)

(註三) 據 du Jarric 神甫書 (Histoire, t. III, p. 963)「貢品中有大小自鳴鐘各一，油畫三幅，內聖母像一幅，聖子耶穌偕 St. Jean Baptiste 像一幅，救世主像一幅，鏡數面，三角玻璃兩面，聖課日禱書一冊，手琴 (manucordium) 一具。」

權閹某狡詐人也，行至山東，嗾使其黨馬堂截奪貢物，送諸神甫至天津，扣留六月。有幸臣某以其事上聞，會帝亦聞有外人貢進自鳴鐘事，遂命人召諸神甫入京。(Trigault, Expéd., pp. 651 seq. -Ricci, Opere, t. I, p. 352.)

一六〇一年一月，瑪竇等抵北京，進呈貢物，見者稱賞，帝尤愛自鳴鐘。賴有此事，瑪竇等遂獲留居北京，蓋當時無人能修理自鳴鐘也。宮中內官出達帝意，命此二外國人留居京師，並賜月俸。(註四)

(註四) 諸內官數言於帝，帝欲召見，惟與例未合，乃命二畫師將此二西洋人圖像繪呈。然所繪甚劣。時諸神甫等已易歐羅巴服衣儒服，頭戴網巾。(du Jarric, Histoire, t. III, p. 981.)

瑪竇志在留居京師，故亦不辭。朝中大小官吏爭來過訪。瑪竇賃屋以居，往來頗自由。偶亦對衆宣言彼等之來中國，蓋爲傳揚天地主宰正教，不願受皇帝官爵賞賜，祇求生居死葬中國足矣。(Trigault, Expéd., pp. 678

seq.-Ricci, Opere, t. I, pp. 363 seq.)

瑪竇於每日接見賓客時，輒言其至北京之理由，因言及天主，靈魂，天堂地獄等教理，同時編輯關於宗教學術之新書。

自是以後，瑪竇不復離開北京，從事規定未來一切事項，(註五)培養新教徒，預備新皈依入教之人。有數人爲名公鉅卿，翰苑中人亦有入教者。著名之徐光啓即其中之一人，彼於一六〇三年在南京從羅如望(Jean de Rocha)神甫受洗，一六〇四年入翰林，一六三二年入閣。一六〇五年時，北京奉教者數逾二百。是年六月瑪竇與開封之猶太教徒艾(Ngai)某接談，三年後曾遣一中國修士赴開封調查聖經及崇拜十字架之信徒。北京首先受洗之人歿於一六二四年，洗名本篤(Benoît)。(Trigault, Expéd., pp. 678 seq. - Ricci, Opere, t. I, pp. 363 seq.-Lettres édif., t. IV, p. 140. -Tacchi Venturi, t. I, pp. 468-472; t. II, pp. 291, 293.)

(註五)彼在是時與若干神甫議決持身規律，其中有若干點關於中國禮儀者，爲後來爭論之起源，然在當時范禮安業經核准之，巴範濟在一六一一年，駱入祿 (J. Rodriguez) 在一六二一年，Palmeiro 在一六二九年，李瑪諾 (Em. Diaz) 在一六三〇年，以及一六三三年之江西會議，並核准之。(De Ritibus Sinensium ad virum nobilem, p. 229. -Bartoli, Cina, pp. 119 seq.)

一六〇六年鄂本篤 (Benoît de Goëz) 修士病在肅州，瑪竇遣鍾鳴禮 (Jean Fernandez) 修士往慰之。

一六〇九年在中國首創信徒團體，名曰天主母會。在會之人皆應以德行範世，常臨聖事(sacrements)，贍養窮人，殯葬死者，每月聚會聽指導者之訓示，有疑則問之，各種慈善事業則分擔之。（一六〇五至一六〇九年信札見 Opere, t. II, pp. 250 seq. -Trigault, Expéd., pp. 867, 917 seq.-Ricci, Opere, t. I, pp. 494, 549 seq.）

瑪竇以北京為中心，指揮諸傳教師，本人亦勤勞不倦，為衆人先。其日常事業則為志願受洗人講說教義，鼓勵新入教者，勸導未入教者。此外則編輯書籍，並建築一大禮拜堂，親自督理工程。事務已繁，益以不斷與同僚信札往來，兼入宮廷任事，遂促其年。一六一〇年五月三日臥疾不起，自知末日已至矣。（Trgault, Expéd., p. 1035, Annuae, 1610 pp. 31 seq.）

「雖病甚衰弱，見聖體（T. S. Sacrement）入室，倘力疾下床跪領聖體。翌日領終傅油，曾對臨視之神甫數人作遺言，囑彼等對於新自歐洲來者，務必施以仁愛。」（Trigault, Expéd., p. 1041.）

五月十一日夜間安然而逝，壽五十七歲。遺命龍華民（Longobardi）繼承後任。皇帝賜葬地，後遂為北京葡萄牙傳教師公葬之所。在場之諸士夫多參加葬禮。南京南昌韶州及新開教之上海皆遣人會葬。諸基督教徒負棺，十字架前導，經行都城而至葬所。（Trigault, Expéd., pp. 1046 seq.）——一六一〇年五月二十日熊三拔（Sabbatino de Ursis）神甫在北京致書，述利瑪竇病終及殯葬事，見 Opere, append. 24, pp. 483 seq.）

瑪竇未病前數日，曾致書於其同僚云：「我嘗思在中國傳播基督教之良法，莫若我死。」（Trigault, Expéd., p. 1046）Hue 神甫云：「皇帝賜葬地，顯為優待基督教之證明也。」

d'Orléans 神甫云「天主特選利瑪竇以任此困難事業，勇不畏勞，賢明謹慎，周到遲緩，而使之更爲有效，小心而不使之僨事，欲爲一銳敏多疑排外性成之民族之宗徒，必須具有此種性質也。」(Cf. Lettres édif., 1819, t. XIV, préface, p. XXII.) 必須有此豁達度量，始能重整屢經破壞之事業。必須有此博學天才，始能使習於自尊之人尊重其學識。

「然亦須有一與學識相伴之謙恭和平，始能使此自尊之民族，感受此智識之優越而不自覺。最後必須有一偉大德行，始足當此滿佈危險之重任也。」

瑪竇遺著甚多，泰半皆爲漢文作品：

（一）天主實義一名天學實義，一五九五年初刻於南昌，一六〇一年校正重刻於北京，凡二卷。重刻本有李之藻序，（之藻字我存，號涼菴，歿於一六三〇年，）一六〇四年重刻於北京，一六〇五或一六〇六年重刻於杭州，一六三〇年及以後屢有重刻本。曾經天學初函收入。（參看幾何原本條附註。）有若干刻本前有徐光啓馮應景等撰序。土山灣重印數次。（一九一七年目錄八十二號。）

此書在一六〇四年譯爲日本文。Organtin 神甫稱此本爲一種寶庫，范禮安神甫曾將此本三次重刻於澳門。一六三〇年 Baldinotti 神甫二次重刻於交趾。(A. Rémusat, Nouv. mém., t. II, p. 213)。後又轉爲高麗語。Jacques 神甫曾將此書轉爲法文載入傳教信札 (Lettres édifiantes) 一八一八年刊第十四册六六頁以後。(Cf. Wylie, Notes, p. 138.)

（二）交友論一卷，一五九五年刻於南昌，一五九九年刻於南京，一六〇三年刻於北京，前有馮應景序。天學初函亦收入。一九一四年五月二十五日以後之神州日報有翻印本。(Cf. Wylie, Notes, p. 138. -Trigault, Expéd., pp. 516 seq.) —— 瑪竇本人曾將此本譯爲意大利文，一八八五年有新刻本在 Macerata 城出版。(Sommervogel, Bibliothèque, t. VI, col. 1791.)

（三）西國記法一卷，一五九五年刻於南昌。

（四）二十五言一卷，一六〇四年刻於北京，前有馮應景徐光啓序，亦經天學初函收入。(Trigault, Expéd., p. 820. -Wylie, Notes, p. 138.)

（五）畸人十篇二卷，一六〇八年刻於北京，一六〇九年刻於南京及南昌，亦經天學初函收入。一八四七年有上海重刻本，後又有土山灣重刻本（一九一七年目錄第四〇三號）。是書設爲問答，大抵駁釋氏之說。（Cf. Wylie, Notes p. 139.)

（六）右書博辨，頗足動聽，杭州僧人袾宏因作論以攻天主之説，瑪竇復作説以闢之，合成辨學遺牘一卷，一六〇九年刻於北京，有李之藻跋，亦收入天學初函。遣使會 (Lazaristes) 印刷所有重刻本（一九二四年目錄第八八號）。一九一五年有天津大公報活字版本，一九一九年有英斂之刻本，前有陳垣馬相伯序，題曰辯學遺牘。

（七）畸人十篇後附有西琴八曲一卷，瑪竇所獻品中有小瑟 (épinette)，龐迪我神甫善音樂，以授中官，此爲其曲意八章也。

久。

（八）齋旨一卷，後附司鐸化人九要一篇。

（九）畸人十規，是爲瑪竇在一五八四年刻於肇慶之第一部教義綱領，時在羅明堅聖教實錄刊行之後未久。

（十）奏疏，是爲一六〇一年瑪竇入京進呈貢物請許留居北京之表文。(Cf. Couvreur, Choix de doc., Hokienfou 1894, pp. 80 seq. -Ricci, Opere, t. II, pp. 496 seq.)

（十一）幾何原本六卷，徐光啓筆述，歐几里得 (Euclide) 書前六卷之譯文也，一六〇五年刻於北京。嗣後屢經重印，曾節錄入方中通之數度衍中，康熙帝曾命將此書轉爲滿文。前有瑪竇及光啓序。今日此書尙風行，同治四年（一八六五年十一至十二月間）兩江總督曾國藩重刻於南京，國藩作序稱海山仙館叢書本舛訛甚多，故重刻之。書中並言及一六二九年李之藻所輯之天學初函。(註六)

(註六)偉烈亞力 (Wylie, Notes on Chinese literature, p, 277) 云：天學初函所輯書凡十九種。一、西學凡，艾儒略撰；二、畸人十篇；三、交友論；四、二十五言；五、天主實義；六、辨學遺牘；並利瑪竇撰；七、七克，龐迪我撰；八、靈言蠡勺，畢方濟撰；九、職方外紀，艾儒略撰；十、泰西水法，熊三拔撰；十一、渾蓋通憲圖說；十二、幾何原本，並利瑪竇撰；十三、表度說，熊三拔撰；十四、天問略，陽瑪諾撰；十五、簡平儀，熊三拔撰；十六、同文算指；十七、測量法義；十八、圜容較義；十九、勾股義；並利瑪竇撰。

歐几里得書十五卷，瑪竇僅譯前六卷，後偉烈亞力共李善蘭合譯後九卷，一八五七年初刻於松江，板爲髮匪焚燬，後重刻於南京。

（十二）同文算指十一卷，李之藻筆述，應用算術也，一六一四年刻於北京。四庫全書著錄本，分前編二卷，通編八卷。亦經天學初函收入。

（十三）測量法義一卷，應用幾何也，又測量異同一卷，並徐光啓筆述，天學初函及指海並收入。

（十四）勾股義一卷，天學初函及指海並收入。

（十五）圜容較義一卷，李之藻筆述，一六一四年刻於北京。(Cf. Wylie, Notes, p. 88.) 天學初函守山閣叢書並收入。

（十六）渾蓋通憲圖說二卷，李之藻筆述，一六〇七年刻於北京。天學初函守山閣叢書並收入。

（十六）重 經天該一卷，李之藻筆述，星經之類也，疑在一六〇一年六月至十二月間刻於北京，一八〇〇年有重刻本。(Cordier, L'imprimerie, p. 237.) 藝海珠塵傳經堂叢書並收入。(Wylie, Notes, p. 220.)

（十七）萬國輿圖，一五八四年瑪竇作此圖於肇慶金尼閣 (Trigault) 神甫云：「彼繪此世界全圖，甚寬廣，俾容納漢文解釋於其中。又爲博華人歡心，特將中國位於圖之中央。」一五九八年在南京重將此圖修改，較前更大，用十二版印於絹上，李之藻力也。其後貴州巡撫重刻小圖，將解說另刻於別本中。「曾寄數本於各省，吾人印本且寄至澳門日本，聞他處尙有刻本。」(Trigault, Expéd., p. 609.- Riccioli, Almagestum novum, Bologne, 1651, fol. XI.) 一六〇九年皇帝曾命將此圖仿繪八幅進呈乙覽。（註七）

（註七）明史卷三二六意大里亞傳云：「利瑪竇至京師，爲萬國輿圖，言天下有五大洲。第一曰亞細亞洲，凡百餘國，而中國居其一；第二曰歐羅巴洲，凡七十餘國，而意大里亞居其一；第三曰利未亞洲 (Libye, Afrique) 亦百餘國；第四曰亞墨利加洲，更大，以境土相連分為南北二洲；最後得墨瓦臘泥加洲 (Magellanie, Océanie) 為第五，而域中大地盡矣。」

（十八）西字奇跡一卷，一六〇五年北京刻本。Théoph. Boyer 中國文法四頁 (Musaeum sinic. t. I.) 稱瑪竇刻有漢字譯寫之拉丁字母名曰大西字母者，殆指此書。

（十九）乾坤體義二卷，一作三卷。四庫全書著錄。阮元皇清經解（共一四〇八卷，一八六〇年重刻本）疇人傳言此書甚詳。

（二十）一五九八年瑪竇居南京時，曾與儒士數人辯論五行之說，闢五行之非，主張四行之是。「是編屢經印行，頗受推重。」(Trigault, Expéd., p. 601.)

（二十一）Annua della Cina del 1606 & 1607, del P. Mat. Ricci, de la Chine, 18 oct. 1607, in-8, Roma, Zannetti, 1610, Milan, Pontio, 1610. -Annuae litterae a Sinis annis 1591, 1606 & 1607, 39 in-8, Antverpiae, Plantin, 1611.

（二十二）信札。一五八四年九月十三日在肇慶 (Inaquin, Chaquin?) 致菲律賓駐澳門經理員 J-B. Roman 信札，見 J-B. Roman 撰 Relation de la Chine，題年作一五八四年九月二十八日，收入 Archives de voyage Ternaux-Compans, vol. I p. 77. (Cordier Bibliotheca Sinica, t. I, p. 7.) -Lett. del P. Matteo Ricci Maceratese delli 30 di nov. 1584, della Citta di Cantone; in Nuovi Avvisi del Giapone,

Venetia, appresso i Giolitti, 1586, p. 175. -Lettre du P. Ricci, daté de Pékin 22 aout 1608, in-12, Caen, Cavalier, 1614.

（二十三）金尼閣神甫曾據瑪竇之記錄，撰有中國傳道會成立史 (De christiana expeditions apud Sinas suscepta)。記錄原爲意大利文，蓋致耶穌會長者，尼閣將其轉爲拉丁文，微補闕漏，並增入瑪竇自謙而故意遺漏之若干事實。可參看 Tacchi-Venturi, Opere storiche 序言。

（二十四）一五九三年曾將中國四書轉爲拉丁文，微加註釋，題曰 Tetrabiblion Sinense de moribus (Trigault, Expéd., p. 578)。凡傳教師之入中國者，皆應取此書譯寫而研究之。此書是否印行，抑尚存有寫本，未詳。

（二十五） Abel Rémusat 曾云最先編輯中國字書而附以歐洲語言之解釋者，似爲瑪竇。此說不誤。蓋金尼閣神甫曾謂其與郭居靜神甫鍾鳴禮修士共旅行時，曾編輯此種字書，註明五聲清濁也。此寫本似已無存。尼閣並謂「其曾編有其他書籍數種，以備吾人易習此土語言之用。」(Trigault, Expéd., p. 577.)

（二十六）Kircher (China, édit. franç. p. 160) 神甫謂其曾譯中國古代哲理格言爲拉丁文，意在闢其誤也。

（二十七）劉應 (de Visdelou) (In Supplément à la Biblioth. Orient, de d'Herbelot, p.139) 神甫云：「瑪竇在其中國圖表中位置 Eyghour 都城於北緯四十四度，似誤。」此處所指者應是本傳書錄第十七條所指之萬國輿圖。

（二十八）Ricci-Riccardi 侯爵在一九一〇年曾將其所藏瑪竇信札三件刊布：兩件作於南昌，題年爲一五九五年十月二十八日及一五九六年十月十二日；一件作於北京，題年爲一六〇八年三月六日。(il P. Matteo Ricci, in-8, Florence, Barbera, 1910.)

（二十九）一九一〇年 Macerata 城舉行瑪竇百年紀念時，曾將瑪竇未刊著述刊行，題曰利瑪竇神甫之歷史著述(Opere storiche del P. Matteo Ricci)，已出二册。第一册在一九一一年刊行，乃 Tacchi-Venturi 神甫主編，題曰中國紀錄，I Commentari della Cina, in-4, p. LXVIII-650, Macerata, 1911 (Cf, P. Brucker in Etudes, t. CXXXI (1912) pp. 215 seq.: Pour le centenaire du P. Ricci.) 第二册刊行於一九一三年，題曰中國信札（Lettre del la Cina），收集瑪竇信札四十四件，(pp. 3-395.) 及前此著錄之奏疏。(pp. 496 seq.)

第十 麥安東傳葡萄牙人

一五五六年生——一五七六年一月四日入會——一五八五年入華——一五九一年十月十七日歿於韶州

參考書目 Alegambe, Bibliotheca, p. 63. -Bartoli, Cina, p. 245. -Couplet, Catalog., p. 5. -Drews, Fasti, 17 oct. -Franco, Annus gloriosus, p. 602. -Guilhermy, Ménol. Portug., 17 oct. -Jouvancy, Historia, p. 518. -Nieremberg, Claros, t. II, p. 544. -Ricci, Opere, t. II, pp. 436 seq. -Trigault, Expédition, pp. 316 seq., 361 seq.

麥安東(Antoine d'Almeyda)神甫字立修，出生於葡萄牙之 Trancoso 城；幼純潔，入耶穌會。一五八四年赴澳門，一五八五年七月應范禮安(Valignani)神甫之請，偕孟三德(Edouard de Sande)神甫同赴澳門，助理羅明堅利瑪竇二神甫之事業。當時進入內地甚難，安東謀爲官吏之僕役混入內地，會明堅所善之肇慶總督約明堅偕赴紹興府(一五八五)，安東適在廣東，知其事，遂與明堅等同行。(Trigault, Expéd., p. 316. -Bartoli, Cina, pp. 245 seq. -Ricci, Opere, t. I, pp. 151 seq., 19, 23.)

此行凡四月，安東欲留居浙江，未果，遂返肇慶，與瑪竇共事(註一)。瑪竇在肇慶被逐時，又與偕行赴韶州，時在一五八九年八月也。(Trigault, Expéd., pp. 361 seq. Ricci, Opere, t. I. pp. 177 seq.)會得重病，還澳門修養，病甫愈，力請道長許之重赴韶州，未幾死於斯城。(Trigault, Expéd., p. 439.)

(註一)安東離紹興後返澳門。范禮安神甫遣之赴肇慶疑在一五八八年八月。參看 Tacchi, I, 159, 174.(裴化行神甫補註。)

當時諸神甫在中國內地無墳園，遂運其遺體歸葬澳門。

安東遺作可考者僅有信札數件：

(一)一五八五年十一月五日致 Rodriguez 神甫書，述其赴廣州事。(Ricci, Opere, T. II, pp. 436 seq,)

(二)一五八五年十一月二十日書，述其赴廣州及紹興事。見何大化(de Gouvea)神甫撰 Asia extrema, t. I, p. 2, 8.(未刊本)。

(三)一五八六年二月十日孟三德神甫書，作於韶州，意大利譯文載 Avvisi della Cina(1586) Rome, Venise, Anvers, 1588; Milan, 1589. 拉丁譯文載 Hay 神甫輯 De rebus japonicis, indicis et peruanis, Antverpiae, 1605, p. 902.

(四)一五八六年九月八日同一神甫書，作於肇慶。

此二書意大利文本，刊於 Roma, Zannetti, 1588. 西班牙文本，刊於 Zaragoca, 1591. —— 法文本見 Lettres du Japon et de la Chine, Lyon, 1593.

(五)一五八八年九月八日孟三德神甫書，作於韶州，見 Lettere del Giapone et della Cina, in-12, Roma, Zannetti, 1591.-Brescia, Sabbio, 1592. (Cf. Sommervogel, Bibliothèque, t. I, col. 189 seq.)

第十一　孟三德傳葡萄牙人

一五三一年十一月四日生——一五六二年入會——一五八五年至傳道所——一五八四年發願——一六〇〇年六月二十二日歿於澳門

參考書目 Alegambe, Bibliotheca, p. 185. -Bartoli, Cina, p. 196. -Cardoso, Agiologio, t. III, p. 784. -Couplet, Catal., p. 4. -Franco, Annus, 22 juin. -Jouvancy, Historia, p. 514. -Ricci, Opere, t. I, pp. 218 seq. -Trigault, Expéd., pp. 435 seq.

孟三德 (Edouard de Sande) 神甫字寧寰，出生於葡萄牙之 Guimaraes，幼入耶穌會。卒業後在 Coimbre 學校教授辯學；以一五七二年赴印度(註一)歷任 Bacaim 澳門兩地會團長。三德在職時，視察員范禮安神甫命往中國輔助羅明堅利瑪竇二開教人(註二)明堅赴澳門爲中國皇帝採辦異物時，約三德同還肇慶。越數日，肇慶總督詢三德是否思鄉欲歸；答曰：「永與華人共處，是我之願也。」此願雖未終償，然於傳道頗盡力也。(Trigault, I. c. -Ricci I. c. -Ibid,pp. 1924.)

(註一)一五七七年三德晉司鐸，一五七八年三月二十四日，在里斯本偕羅明堅利瑪竇同附 St-Louis 舟東邁。(Tacchi, t. I, p. 152 n.)

(註二)三德於一五八五年五月一日離臥亞(Ibid, II, 443)，一五八五年七月杪抵澳門。(Ibid., I, 152.)(以上並裴化行神甫補註。)

三德居肇慶若干時，見不可留，遂返澳門。(註三)會范禮安歸自日本，復任其爲會團長(recteur du collège)兼爲傳道會道長（supérieur de la Mission）。彼卽以此資格數赴新開教之韶州勸化數人入教(註四)及年事已高李瑪諾 (Em. Diaz) 被派繼其後任，時在一五九六年也。(註五)以一六〇〇年六月二十二日歿於澳門。

(註三)一五八七年八月，三德爲愼重計離肇慶府。(Ibid., I, 163.)

(註四)一五八八年七月三德重赴肇慶，未久復出走。(Ibid.,I, 169.)自是以後，除在一五九一年一至韶州留居不久外，常駐澳門。(Ibid., I, 218, 219.)

(註五)一五九七年終，三德卸澳門道長職，專任教養青年華人事。(Ibid., I, 279; II, 102.)（以上並裴化行神甫補註。）

其遺作留存者列下：

（一）一五八七年九月二十八日在澳門致耶穌會長書報告中國新傳道會事；載 Lettere, Roma, Zannetti, 1591. 及諸譯本中。(註六)

(註六)此函並載入 Lettere del Giapone e della Cina degl'anni 1689 et 1690, Venise, 1692, pp. 200 seq.(裴化行神甫補註。)

（二）De missione legatorum Japonensium ad Romanam Curiam …… dialogus ex ephemeride ipsorum legatorum collectus 用拉丁文及日本文寫成，in-4, in Macaensi portu regni Sinici, 1590. 據大英博物院 (British Museum) 藏本提要云：是爲歐羅巴人在中國首先印行之書。並轉錄於下一撰述中 De trium regum japonicorum legatis, Anvers, 1593 (Cf. Sommervogel, Bibliothèque, t. VII, col. 546.) Henri Cordier (L'imprimerie, p. 45.) 云：「是爲澳門刊行之第一書，極罕覯。」

（三）有人謂其撰有漢文教義綱領一册 (Sommervogel, Bibliothèque, t. VII, col. 546.)

第十二　石方西傳意大利人

一五六三年生——一五八三年八月十五日入會——一五九〇年至華——一五九三年十一月五日歿於韶州（註一）

參考書目　Bartoli, Cina, pp. 281 seq. -Couplet, Catal., 6. -Drews, Fasti, 5 nov. -Jouvancy, Historia, p. 518 -du Jarric, Histoire. -Nadasi, Annus, 5 nov. -Nieremberg, Los claros, t. II, p. 539. -Patrignani, Ménol., 5 nov. -Ricci, Opere, t. I. -Trigault, Expédition, pp. 454 seq.

石方西神甫（François de Petris）神甫字鎮宇（註二）出生於羅馬鄉間名 Abatia de Farfa 之地名族也。初在羅馬學校肄習哲理，即以文學科學德行見稱於時。修業畢在公開辯論中人皆驚其敏慎。初敬奉聖母甚篤，入聖母會，當其擇業時，似聞聖母言命其入耶穌會。方西在韶州語二修士之言如此。（Trigault, Expédition, pp. 467 seq. -Ricci, Opere, t. I. p. 236.）

（註一）一作一五九三年十月五日，參看註三。

（註二）北平圖書館藏鈔本作石芳栖字鎮予。

由是彼會在一五八三年八月十五日入羅馬修院。一五八六年，請偕日本使臣東邁時，尚未晉司鐸也。范禮安神甫派其在中國傳教，一五九〇年遣之至澳門。次年麥安東神甫歿於韶州，遂命方西代其職。（見一五九二年十一月十五日 Aquaviva 神甫信札，In Ricci, Opere, t, II, pp. 462 seq.

方西抵韶州未久，有盜持械，夜入其室，傷僕役二三人，並以斧斫方西首，受重傷。(Trigault, Expéd., p. 454. -Ricci, Opere, t. I, p. 229.) 利瑪竇神甫訴於官，捕諸盜，爲首者斷死罪，餘判徒刑，然二神甫共請宥盜罪，由是各杖二十釋之。(Trigault, Expéd., pp. 463 seq. -Ricci, Opere, t. I, pp. 235 seq.)

方西以其祈禱與德行輔助瑪竇傳佈宗教。彼雖壯健，然自知不壽，曾預告瑪竇言其應得某疾死，一五九三年十一月五日果以疾終。(註三)以舟載彼與麥安東之遺骸歸葬澳門公墓，道長孟三德爲死者作弔辭，並命郭居靜(Lazare Cattaneo)神甫代其職。(Trigault, Expéd., p. 469. -Ricci, Opere, t. I, p. 236.)

(註三)或作一五九三年十月五日，見 Ricci, Opere, t. I, p. 236, Tacchi-Venturi 神甫註。

方西留有信札三件：一作於一五八九年一月八日，一作於一五九二年十一月十五日，一作於一五九二年十二月十五日，並見 Ricci, Opere, t. II, pp. 456, 464, 465.

第十三 鍾巴相傳中國人(註一)

一五六二年生——一五九一年一月一日入會(註二)——一五九一年至傳教區——一六一七年一月一日任在俗輔佐人——一六二二年歿於杭州

參考書目 Bartoli, Cina, pp. 91, 101-104. -Jouvancy, Historia, p. 522. -Guilhermy, Ménol. Portug., t. II, p. 188. -Patrignani, Ménol., p. 190. -Semedo, Histoire, & Relation de 1622. -Trigault, Relation de 1621.

鍾巴相 (Sébastien Fernandez) 修士字念江，第一華人之入耶穌會者也。廣東新會人，富家子兼良家子。諳西方語，欲自摩練，願偕諸神甫入內地，故利瑪竇攜之與俱。(Semedo Relat., 1622. In Histoire de ce qui s'est passé, p. 203.) 自是以後，為瑪竇舌人而兼僕役，從行者數年。

（註一）念江原名鳴仁（艾儒略撰利瑪竇行蹟作銘仁），巴相乃洗名 Sébastien 之對音。

（註二）Sica 目錄誤作一五九五年一月一日。

巴相在韶州作修士之練習，得償素願。Bartoli 神甫云：「若欲將此修士因傳道所受之苦一一筆之於書，則其文甚長，而難於着筆也。其為人正直，度量宏大，品行純潔，未入教時已然；既入教後，兼具有一種勸人入教之强烈熱心；彼為開教會不惜其時間，亦不惜其血汗。（出處同前。）

一五九六年，巴相在韶州受刑負枷被驅逐後，旋在杭州又被士人告發受杖而被禁於獄。「利瑪竇神甫救之出，遂隨瑪竇赴北京。既至北京復受第三次之禁錮與虐待，蓋因其傳佈福音也」(Semedi, Relat., 1622, op. cit. p. 204.)

最後在南京虐待事件中（一六一五）曾受刑訊，並遭民衆之種種侮辱，已而被判流刑，罰往關外爲奴，賴有一基督教徒之仁慈而獲免。(註三)

(註三)此基督教徒西名 Matthieu Gham，漢姓或爲康姓，自願代巴相出關，旋因朝中一強有力之新入教者之救而獲免。其人後赴澳門入耶穌會而歿於會中。(Bartoli, Cina, p. 682. -Guilhermy, Ménol, Portug., t. II, p. 188.)

巴相居北京時，勤於佈教，常赴教徒家講演基督教理，人皆樂聞其言。（出處同前。）終其身執傳佈教義者之職，熟練本國語，不斷往來於所屬諸教區中，並輔助諸神甫執行教務，諸神甫信任之，且令其教導中國婦女代爲授洗。每年巴相輒犯冒險阻往澳門取錢財及其他必須之物，俵散於諸區中。一六二二年歿於杭州，計入教有三十二年矣。據曾德昭（de Semedo）神甫云：「巴相過南京時已得疾矣。」（出處同前。）

第十四　黃明沙傳中國人(註一)

一五七三年生——一五九一年一月一日入會——一五九一年至傳教區——一六〇六年三月三十一日歿於廣州

參考書目　Bartoli, Cina, pp. 212 seq. -Cardoso, Agiologio, t. II, pp. 432 seq. -Drews, Fasti, p. 123. -Jouvancy, Historia, p. 544. -Guilhermy, Ménol. Portugal, t. I, p. 305. -du Jarric, Histoire, t. III, p. 1052. -Nadasi, Annus, p. 177. -Patrignani, Ménol., 31 mars. -Semedo, Histoire, p. 257. -Tanner, Societas, p. 269. -Trigault, Expédition, pp. 860 seq. -Ricci, Opere, t. I.

黃明沙(François Martinez)修士，在舊記中寫其名作 Mis 或 Miz (Martinez 之省稱)，生於澳門，偕鍾巴相修士同入會，作修士練習後，偕傳教師入內地傳教。一六〇五年在南京時，曾說瞿太素(註二)入教。先是太素有妾無意入教，會妻死無所出，乃從明沙言娶妾為妻，而受洗禮。羅如望(Jean de Rocha)神甫授以洗名曰納爵(Ignace)。(Trigault, Expéd., pp. 860 seq. Ricci, Opere, t. I, pp. 438 seq.)

(註一)參看艾儒略撰利瑪竇行蹟(見第三十九傳)。北平圖書館藏鈔本寫其名作黃方濟字明沙。

據范禮安神甫撰一五九三年一月一日之一名錄云「黃明沙修士中國籍，生長於澳門，與葡萄牙人有親誼，時年二十五，具中人力，肄習(修士)二年畢。未入會前曾習拉丁文，熟知中國語言文字，居韶州時，仍研究不輟。」見 Tacchi Venturi, I, 207, note.

則其出生年為一五六八年，而非一五七三年矣。

一五九五年十二月二十四日明沙曾偕蘇如望 (Soerio) 神甫至南昌。Ricci, chap. III; in Tacchi, I, 268. 又據 Mss. 諸名錄稱一六〇三年十月明沙入在韶州。(以上並裴化行神甫補註。)

(註二)太素名見本書第九利瑪竇傳。

一六〇六年，明沙在南昌會視察員欲入內地，乃召之南下，及至廣州，患熱疾甚劇。時有流言謂葡萄牙人將來侵，明沙息於一同教人之宅，有新入教之背教人某告訐於官。時在聖週中，明沙方偕諸基督教徒舉行祈禱講演及特別悔罪等務也。

時兩廣總督他出，背教人告訐於代理總督，謂明沙是郭居靜 (Cattaneo) 神甫之間諜，蓋有流言謂居靜將謀爲不軌也。(註三)明沙方臥病在牀，隸役捕之出，並其居停鎖絏到官，用夾棍拷問。(Trigault, Expéd., p. 897. -Ricci, Opere, t. I, pp. 507 seq.)

(註三)參看第十五郭居靜傳。

明沙受此酷刑，仍辯其無罪，顧彼有特許文書，既無罪可望釋出，乃告訐者又訴其買有火藥，遂被禁於獄，手足皆帶刑具，病中渴甚，數日未得滴水飲，已而移付「海頭」受重笞，體無完膚，翌日又拘至代理總督前復受刑，刑甫下，明沙暈絕。

問官恐其刑重致斃命人，以板畀之至獄，未及抵獄卽死，時年三十三歲，與救世主受害年正同，且亦爲同教人所陷害也，時在一六〇六年三月三十一日。(Trigault, Expéd., pp. 898. -Ricci, Opere, I. c.) 葬其遺骸於一已廢之石礦中，仍衣罪服帶刑具。其後不久，龍華民 (Longobardi) 神甫請於官，獲許遷葬於澳門。(Trigault,

Expéd., p. 915. -Ricci, Opere, t. I, p. 523.)

其遺筆現存者有一五九一年十一月二十一日自韶州致孟三德神甫書，述麥安東神甫之事業與病故事。

(Ricci, Opere, t. II, pp. 457 seq.)

第十五　郭居靜傳意大利人

一五六〇年生——一五八一年入會——一五九四年入華——一五九六年五月二十六日發願——一六四〇年一月十九日歿於杭州

參考書目 Alegambe, Bibliotheca, p. 546. -Bartoli, Cina, pp. 450. seq; 1141. -Boero, Ménol., t. I, p. 369. -Cardoso, Agiologio, 19 janv. -Couplet, Catal. 11. -Crétineau-Joly, Histoire, t. III, p. 173. -du Halde, Description, t. III. -du Jarric, Histoire, t. III, ch. 54. -Jouvancy Historia, pp. 518. -Patrignani, Ménol., 19 janv. -Ricci, Opere, t. I. -Semedo, Histoire, pp. 262 seq. -Trigault, Expédition, passim.

郭居靜（Lazare Cattaneo）神甫字仰鳳，名族舊家之後裔，生於 Gênes 城附近之 Sarzana 地方。既入耶穌會，即力請派往遠方傳道，一五八八年始得會長之許可，彼曾研究文學一年，哲學三年，神學二年（Ex catalogo an. 1622, in archiv.）居臥亞若干時，任會團宣教師，繼在 Pêcherie 沿岸為道長者二年，已而被召至澳門研究華語。

石方西神甫卒，利瑪竇神甫獨居韶州，乃遣居靜往助。瑪竇第一次赴南京時，居靜管理教務。會有流言起，教堂被暴民鈔掠。其後不久，瑪竇赴北京，召居靜偕行。居靜在途中助瑪竇編纂音韻字典（註一）及還南京，居靜被遣還澳門報告此第一次旅行事。居靜事畢，攜龐迪我（Jacques de Pantoja）至南京。瑪竇最後離南京時，留居靜管理南京教務，並兼管南昌韶州兩地教務。(Trigault, Expéd., pp. 526 seq, 546 seq., 651 seq. -Ricci, Opere, t. I, pp. 285 seq.)

(註一)則共瑪竇編纂者，乃居靜而非龐迪我，Perny 在其中國文法中謂歐羅巴人最初思及辨別中國五聲者爲迪我，誤也。「彼等用五種音標分別中國語言中之五聲。」(Trigault, Expéd., p. 577. -Ricci, Opere, t. I, p. 300.)

一六〇四年，李瑪諾(Emmanuel Diaz senior)神甫歸自北京，居靜偕之共赴澳門，蓋應視察員范禮安神甫之召也。居靜留此養疾。先是禮安選居靜爲會辦 (socius)，會禮安卒，居靜遂留澳門。居靜視察滿剌加會團及傳道會，蓋在斯時也。(Trigault, Expéd., pp. 881 seq. -Ricci, Opere t. I, p. 504.)

當是時也，有大禍起，僑民全體爲之不安。荷蘭人嫉葡萄牙遠征印度之得利，乃遣海盜擾亂巽他 (Sonde) 羣島，與美洛居 (Moluques) 羣島，所獲甚富，意猶未饜，復謀據台灣，進取澳門。葡萄牙人因設防以備，不意華官疑其有異心，以此輩外國人謀據中國，遂築堡壘數所，調兵防禦。時有流言謂外人已共推居靜爲帝(註二)(Trigault, Expéd., pp. 886 seq. Ricci, Opere, t. I, pp. 507 seq.)

(註二)曾德昭神甫云：郭居靜神甫時由中國內地抵澳門，其人身體魁偉強健，好容色，兼有長鬚，不識者必以其爲武夫，而非傳道之人也。(Semedo, Histoire, p. 282.)

又一方面，澳門有若干不良基督教徒，恚諸神甫在訟事中不庇彼等，又從而煽動，故流言甚熾。民衆因暴動，掠葡萄牙教堂，並縱火焚之。(Trigault, Expéd., pp. 888, 890 seq. Ricci, Opere.)

有士人某撰一小說，誣居靜欲竊據大位；約日本人馬來人共舉事；內地黨羽甚多；祇待戰船之至卽發動。其書流行甚廣，人心因大惶懼；澳門之華人盡徙居大陸；廣州城聚戰船調民壯以備。(Trigault, Expéd., pp. 892 seq.)葡萄牙人所處境地甚爲危殆，蓋彼等有餓斃之憂也。澳門官吏遣使者赴廣東疏解；及其歸也，兩廣總督亦遣一聰明華官至澳門察驗情形。此官至澳門，先召居靜來見；居靜延之往視其武庫，所謂武庫，卽其書室也。官入室，居靜語之云：「我持以謀據中國之武器，卽此是也。」繼導華官至學校，而語之云：「是爲我將率以侵據貴國之士卒。」華官見流言不實，而諸神甫皆屬傳教之人，意遂安，而其事遂解。(Trigault, Expéd., p. 909. -Ricci, Opere, t. I, pp. 517 seq. -Cf. Bartoli, Cina, pp. 449 seq. -Semedo, Histoire, p. 282.)

其事之經過，皆在一六〇六年，同年居靜偕熊三拔 (de Ursis) 神甫同還教所；然至南昌，三拔遲赴北京，居靜則奉命留止南京。一六〇八年，著名閣老徐光啓丁父憂，還上海，道經南京，延居靜至上海開教。當時上海因商業之盛，已成一重要城市，(註三)光啓居大厦，是爲嗣後傳佈信仰之中心。居靜首先勸化光啓全家入教，已而光啓建一華麗教堂，城中士夫常聚於此。光啓位高而名重，其家因之爲傳播宗教之中心，而教務日形發達矣。

(註三)「上海城牆周圍有二哩，然城內與附郭之民戶相等……全境約有四萬戶，人口三十萬人，每年納國課金錢十五萬枚，糧米稱是。此地產米甚豐饒，產棉亦多，織爲數種布……人聰敏，多學子士人……氣候甚良，居民壽較他處爲長：年六十者不得稱老人，常有壽八九十；且有數人過百歲者。」(Trigaul, Expéd., pp. 1015-1016.)

居靜居上海二年，受洗者二百人。設立一聖母會，所遵行之規則，與利瑪竇在北京製訂者同，對於資深者且命其作聖納爵聖務（Exerciced de St Ignace）八日。(Trigault, Expéd., pp. 1020 seq. -Ricci, Opere, t. I, pp. 596 seq. Bartoli, Cina, pp. 490 seq.)

新會督龍華民神甫遣居靜往杭州開教，並命新蒞華未久之金尼閣（N. Trigault）神甫與鍾巴相修士偕往。有進士涼菴（Léon）者，曾在北京受洗，丁憂在籍，勸其友楊彌格（Micheî）(註四)入教，其人亦名宦大官也。自是杭州新入教者之衆，與上海等兩地教務皆由居靜主持。(Trigault, Annuae, 1612, pp. 219 seq.)

(註四)鈞案進士涼菴即李之藻，之藻字振之，又字我存，楊彌格即楊廷筠，廷筠字仲堅，別號淇園，皆杭州人。兹二人與徐光啓爲中國開教之三大柱石。

一六一六年，仇教之事起，居靜深居簡出。一六二〇年，又闢新教區於嘉定，進士納爵（Ignace）(註五)之故鄉也。納爵入教未久，曾建築房屋一所，內設禮拜堂，並附設學校一處。其地甚幽靜，有園林魚塘，於奉教講學皆宜。費奇規（Feerira）神甫即在其中，爲鄧玉函（Jean de Terentio, Terrenz）傅汎濟（François Heurtado, Furtado）二神甫授華語。講學之暇，兼事傳教，時受洗者有六十人。(Trigault, Relation de 1621, in: Histoire de ce qui s'est passé, p. 121.)

(註五)進士納爵即孫元化，乃舉人，非進士。(徐允希（Simon Zi）神甫註。)
鈞案元化字初陽，嘉定人，附見明史卷二四八徐從治傳。

一六二二年杭州受洗者一百九十一人，中有儒士數人。(Semedo, Relat. de 1622.) 一六二七年楊彌格在杭州建築教堂一所，住所一處，居靜晚年即居其中。居靜晚年弱甚，步履須倩人扶持，然神志甚清，手亦能執筆，勸人入教始終未輟。一六三四及一六三五年中受洗者一百四十八人及一百七十六人。(Fariay Souza 重訂曾德昭中國通史一六四二年 Madrid 刊本一六三四及一六三五年下。)

居靜最後二年，癱瘓不能動作，伏若望 (Jean Froes) 神甫見其狀，信其不久於人世，預為之購一棺木，不意若望先死，即用此棺盛殮。一六四〇年一月十九日居靜卒，春秋八十，杭州上海兩地之教徒，盛其喪儀，葬於一名方井之地。(Bartoli, Cina, p. 1141.)

居靜遺作列下：

（一）靈性詣主一卷。

（二）悔罪要旨一卷。（賴之原作悔罪要記，似誤，記應改作旨或指。艾儒略亦撰有悔罪要指一編，見第三十九傳。）

（三）柏應理 (Couplet) 神甫謂 Praelum exspectant: De altera vita 凡二卷，然未見刊本。

（四）柏應理神甫又謂居靜撰有 Vocabularium ordine alphabetico europaeo concinnatum, et per accentus suos digestum，是即居靜與利瑪竇合撰之音韻字典。(Cf. Trigault, Expéd., p. 577.)

（五）Trigault（出處同前）又云：瑪竇居靜「二人別撰有著述數篇，以供吾人易習中國語言之用。」

(Cf. Ricci, Opere, t. I, pp. 300 seq.)

（六）華文稟帖一件，一六〇六年澳門刊本，此乃上呈中國官吏之文，自辯其無謀逆行爲者。（Trigault, Expéd., p. 912.）

（七）Cardoso(Agiologio, t. III, p. 734)謂其撰有 Cartas annuas de Chine, 1631.(Cf. Sommervogel, Bibliothèque, t. II, col. 896 seq.)

第十六　蘇如望傳葡萄牙人

一五六六年生——一五八四年入會——一五九五年入華——一六〇七年八月歿於南昌

參考書目　Alegambe, Bibliotheca, p. 503. -Bartoli, Cina, p. 473. -Couplet, Catal., p. 8. -du Jarric, Histoire, t. III, chap 48, 49. -Jouvancy, Historia, p. 546. -Ricci, Opere, t. I. Semedo, Histoire, p. 260. -Trigault, Expédition, p. 962.

蘇如望 (Jean Soerio)（註一）神甫字瞻清，出生於葡萄牙 Coïmbre 教區 Montemayor 之舊城。入此城修院，後請赴印度，在印度完成其一切學業。被派至中國，先至澳門，後在一五九五年十二月杪抵南昌。與黃明沙修士獨居南昌時，曾肄習中國語言文字，能執筆爲文。雖體弱常多病，仍傳佈宗教不倦。(Trigault, Expéd., pp. 962 seq. -Ricci, Opere, t. I, pp. 480 seq.)

（註一）一八九〇年之 Sica 目錄作如望。伯希和（一九三二年通報一一四及一一五頁）曾見有天主聖教約言（疑爲十七世紀中葉刻本）一部，上題撰人名亦作如望。惟賴之原文與北平圖書館藏鈔本並作如漢。

第一年勸化一年七十歲之老人入教；第二年受洗者有三百人，以後每年如是。新入教之人中有明朝宗親數人。有福建林姓士人，妻在世時曾納妾，宗室女也，不忍出之，致未能受洗，然命其三子入教。(du Jarric, Histoire, t. III, p. 1024.)

如望傳教之初，不爲世人所識，極感貧乏之苦，復受不在教之隣人與士人之欺凌，然因新入教者之日增，樂苦足以相償也。如是亙十年，病愈甚，諸道長欲送之至澳門養疾，會病劇，遂卒，時在一六〇七年八月。(註二)

(註二)如望卒年一作一六〇七年八月(Ricci, I, 559; II, 311)一作一六〇七年十月二日。(Bartoli 473.)

(一)如望曾撰有天主聖教約言一部，一六〇一年頃初刻於韶州，一六一〇年及一六一一年龍華民神甫重刻於南昌湖州兩地。土山灣印書館曾重印數次。(一九一七年書目九十五號)一六三一年轉爲安南文。(Bartoli, Cina, p. 1004.)

(二)相傳如望曾用漢文撰有十誡。(Tractatus de praeceptis decalogi.)

第十七　龍華民傳意大利人

一五五九年生（註一）——一五八二年入會——一五九七年入華——一六一七年十二月二十四日發願——一六五四年十二月十一日歿於北京（註二）

參考書目　Alegambe, Bibliotheca, p. 631. Bartoli, Cina, pp. 390, 446, 1039, 1058. -Couplet, Catalog., p. 9. -Dunyn-Szpot, Sinarum historia. -Fabiani, Incrementa, t. I, chap. 7. -Greslon, Histoire, p. 14. -Huc, Le Christianisme, t. II, p. 252. -du Jarric, Histoire, t. III, chap. 48. -Jouvancy, Historia, p. 538. -Nadasi, Annus, 11 déc. -Patrignani, Ménol., 11 déc. -Ricci, Opere, t. II. -Semedo, Histoire, pp. 279, 350. -Sommervogel, Bibliothèque, t. IV, col. 1932. Trigault, Expédition, pp. 532, 768.

龍華民 (Nicolas Longobardi) 神甫字精華，貴家子也，出生於 Sicile 州之 Caltagirone 城。入 Messine 城修院研究文學二年，哲學三學，神學二年。任教習三年後，於一五九六年偕 Nicolas Pimenta 神甫等至里斯本東邁。時范禮安神甫專理中國日本教務，印度視察員職務則新委 Pimenta 神甫任之，同行者有後來受難之 Ch. Spinola, Jérôme des Anges 神甫二人，與傳教師多人。(Franco, Synopsis, ad ann. 1596, p. 163.)

（註一）Brucker 作一五五六年九月十日。

（註二）Brucker 作一六五四年九月一日；Dunyn-Szpot 作一六五五年。

華民於一五九七年抵中國，自是以後留居中國凡五十八年。范禮安神甫先遣華民至韶州傳教，時與共事者僅有修士一人，華民常赴城鄉傳教，入教者甚衆，其中兼有士人，如是者數年。僧人嫉之，因是仇教之事起。(Hue, Le christianisme t. II, p. 186.)

一六〇三年僧人謀在韶州附近之靖村殺華民，幸而其謀未遂。是年四月二十日，華民在靖村首建中國之第一教堂，其成立尚在利瑪竇所建北京教堂之前也。會大旱，諸偶像教徒雖禱天禁屠而無效，因怒華民，欲謀殺之，忽大雨，謀遂寢。(Trigault, Expéd., p. 786. -Ricci, Opere, t. I, pp. 417 seq.)

一六〇六年有人誣告華民於韶州長官，並誣以姦罪。華民聞之，立赴公庭請質對，問官知其無罪，釋之。華民乘勢辯明郭居靜謀逆事之子虛。(註三) (Trigault, Expéd., pp. 771 seq.)

(註三)事具第十五郭居靜傳。

一六〇九年華民被召赴北京，次年利瑪竇神甫於未死前任華民為中國全國之會督。(註四)其着手之第一事，則編纂洗禮用語，至今尚宗之。(Bartoli, Cina, p. 538.)

(註四)事具第九利瑪竇傳。

應在此處追憶者，華民蓋為引起中國禮儀問題之第一人。當其僅為傳教師時，對於其道長利瑪竇之觀念與方法，已不能完全採納，但為尊敬道長，不便批評。一旦自為會督後，以為事關信仰，遂從事研求，而在理論與事實上所得之結論，有數點與前任會督之主張完全背馳。其他神甫作同一研求者，意見亦有紛歧。顧凡事皆以協合慈愛精神進行，又在服從指揮之下，意見雖分，而未形於外，於傳教事業尚未感何種障礙也。(Bartoli, Cina, pp.

118 seq.)

一六一六年南京仇教之事起，華民適在巡歷各省，聞訊立即回京，圖謀挽救。雖得徐光啟李之藻楊廷筠孫元化等之熱烈贊助，然不能免朝旨之降下，將南北兩京甚至中國全境以內之神甫等一並押解出國。然有傳教師數人隱藏於外省友人家中而獲免。嗣後仇教之事漸息，僅一六二二年南京一案，一教徒名安德（André）者以身殉教。(註五)(Semedo, Histoire, p. 346.)

（註五）曾德昭（Semedo, Histoire, p. 257.）神甫云：「傳教師等所經危難之多，幾出人意想之外。我曾調查南京仇教以前教案之數，共有五十四案，要以傳教初年發生於廣東者爲多；當時廣州爲入中國各地之孔道，得謂其爲另一好望角，然亦得謂其爲一風暴岬也。」

一六一八年耶穌會長 Vitelleschi 命將中國分區與日本教區分判爲二。分配其公共財產，惟日本教區每年須付五百金（écus）供給中國傳教師之費用，並給付葡萄牙臥亞間之路費。迄於一六三五年時皆如是辦理，惟至是年視察員將津貼取消，致使中國傳教會大受損失。(Ex iibello P. M. Martini, 1655, ad R. P. G. Nickel, in Archiv.)

萬曆帝崩（一六二〇）；天啟帝繼立，朝中信教官吏奏請召回諸傳教師，改良軍備，蒙諭允。蓋時與滿洲戰起，欲利用西洋人也。華民偕陽瑪諾（Emmanuel Diaz junior）於一六二二年同入京，赴兵部報到。時朝中事平，華民等辭以未習武事，遂仍傳教並接待朝官如故。(Semedo, Histoire, p. 348.)

至是華民不常出京；或在京內培植新入教之人，或在京外四日八日十日程途之地開闢新區，年歲雖高，力行不懈。一六三六年赴濟南爲光啟諸孫聆受告解（Confession）因是有官吏數人入教。

歸者既衆，僧人嫉之，訴於佈道城中之長官，長官拘之至公庭，見其老，憫之，曰：「脫非憫汝長鬚白髮，將杖汝六十。」語畢，揮之去，不願聆其詞。其同伴則被投於獄，華民得濟南友人助救之出。(Bartoli, Cina, p. 1058.)

自是以後，華民每年中必有數周或數月赴諸新開教之區傳教，足跡漸至泰安。華民迄於七十九歲時，常步行，至此年不復能耐三四日步行之勞，始乘馬，迄於死時皆如是也。（出處同前。）

一六四一年華民從北京赴青州，途中遇盜，盡喪所有。青州有宗王某，聞華民名，延之至其家。宗王深通文學，與之論道，並延回教博士與之辯論，回教博士詞窮。宗王乃盡屏諸妾而受洗，教名保祿。全家悉從而入教，青州（註六）濟南及其他山東諸城官吏數人亦入教。山東最著名之文士某至王府謁見華民，聞其說，甚傾心，亦受洗，名 Mazaire。(Dunyn-Szpot, Sinar. hist. ad ann. 1642.)（註七）

（註六）傳教山東東部之 Kilian Menz O. F. M. 神甫謂非青州，而主張爲直隸之定州。然高龍盤(Colombel, t. I, p. 412)神甫書及蕭神甫之天主教傳行中國考（四卷二一三頁）並作青州也。

（註七）本書時常徵引之 Dunyn-Szpot 神甫，曾撰有關於中國之書數部，其鈔本現藏耶穌會檔庫。

華民傳教山東時，受洗者甚衆，有時受洗者五百人，有僧人，有官吏，傳教萬安時，在兩月間受洗者有八百人。山東生活甚苦，民食粟與草，無鹽無油，亦無其他酌料。華民年歲雖高，亦食此營養不足之物，安之若素。且守齋律，每日輒自鞭策。彼持己雖嚴，待人則寛厚溫和，口中從不出惡聲。彼雖嚴守貧乏之戒，然其身常清潔也。(Dunyn-Szpot, Sinar. hist., ad ann. 1655. Bartoli, Cina, p. 1116.)

華民年九十五歲時，受跌傷，自知不起，命人誦耶穌受難記，泣曰：「死時獲聞我主死難之事，我之幸矣。」一六五四年十二月十一日卒。(註八)順治帝素重其人，華民生時，曾命人圖其形狀，及華民卒，乃賜葬銀三百兩，並遣官祭奠。(Greslon, Histoire, p. 14.)

(註八)Dunyn-Szpot 謂其卒在一六五五年，享年九十六歲。然墓碑及諸史家所載卒年並作一六五四年，茲從之。

華民遺著列下：

(一)聖教日課一卷，一六〇二年初刻於韶州。其後刻本頗有增删：有一七九三年北京刻本，一八〇〇年北京改訂本，此本經湯亞立山 (A. de Gouvea) 主教核准刊行；一八二三年刻本出版地未詳；一八三七年北京刻本。土山灣印書館重印數次。(一九一七年書目四七〇號。)

我曾見有一本，似即此書之改訂本，其改訂人應是華民之同時人，抑為華民本人，皆未可知也。此本分二篇，各有三四百頁，標題作總牘滙要，(註九)刻於一七五五年，乃從南懷仁、利類思二人核准印行之本翻印，而懷仁等核准之本又從一較古之本翻印。此較古本上題核准及同訂之人有陽瑪諾、傅汎際、費樂德、郭居靜、費藏裕諸人，其刻年最晚應在一六三八年。

(註九)殆為經牘滙要之誤。

（二）死說。

（三）念珠默想規程一卷。

（四）聖人禱文。

（五）聖母德叙禱文。

（六）急救事宜一卷。

（七）聖若瑟法行實一卷，一六〇二年刻於韶州。

（八）地震解一卷一六二四年同一六七九年刻於北京。

（九）靈魂道體說一卷，原刻年未詳今有一九一八年土山灣重刻本（一九一七年書目附目第九十一號）。

（十）答客難十條一卷因有儒士駁主宰降世天堂地獄童貞等說，華民撰此以答一六四二年刻於定州。我未見有刻本，僅在 Dunyn-Szpot 書一六四二年下見其節譯文。

（十一） Libellus Precum cum officio funebri et sepulturæ 一卷，一六〇二年頃刻於韶州，拉丁文附有漢字。(Trigault, Expéd., p. 776.)

（十二）一六〇六年呈廣州水頭稟帖，辯郭居靜謀逆黃明沙死難及其同伴下獄事。(Trigault, Expéd., p. 508.)

（十三）關於中國宗教若干點之記錄，一七〇一年巴黎刻本。此文原爲西班牙文，載於 Navarrete 神甫所撰 Tratados politicos de la monarquia de China 一書中，經 de Cicé 主教(註一〇)譯爲法文。法文譯本重刻於 Leibniz 集中，(Genève, 1768, t. IV, pp. 170 seq.) 附有註釋。亦有葡萄牙文譯本。(Cf. Sommervogel, Bibliotheque, t. IV, col. 1932.)

(註一〇)Louis de Cicé 院長隸巴黎外邦傳道會，漢姓羅音 Sabula 主教，一六八四年至華。(據 Foucquet, Catalogus, p. 62.) 一七〇一年晉聖職，一七二七年卒。(Gams, p. 122.) 參看本書第一五二羅歷山 (Ciceri) 傳。

(十四) Litterae annuae e Sinis, ann. 1598, in-12, Moguntiae, Albini, 1601. 此書曾經 Hay 神甫書 (De rebus japonicis, pp. 913 seq.) 及他書轉錄，附有瞿太素自蘇州致利瑪竇書譯文。

(十五) Von Möllendorff (Manuel, p. 158) 引有一書，標題作 Breve relazione del regno della Cina, in-8, Mantova, 1601. 殆爲前條所著錄 Annuae 之意大利文譯本歟？

(十六) 一五九八年十月十八日，華民在韶州致耶穌會長 Aquaviva 書 in: Nouveaux advis du royaume de la Chine, Paris, Chappelet., 1604. 即第十四條著錄本之法文譯本。

(十七) 用意大利文寫之親筆信札，di Xauceo citta Provincia di Cantone, il di 20 d'oct. del 1600. 現藏 Palerme 圖書館。(Cordier, Bibliotheca Sinica, col. 1081.)

(十八) 四庫全書著錄有新法算書一百卷，徐光啟等與龍華民等同修，參看本書第四十六鄧玉函傳。

(十九) 畢嘉(Gabiani)神甫撰 Dissertatio apologetica de Sinensium ritibus politicis(1680), Liège,

1700，及其他諸護教論寫本中，引有華民撰關於漢文天主名稱之論文數篇，與夫高一志艾儒略費藏裕曾德昭諸神甫之駁論。(Sommervogel, Bibliothèque, t. III, col. 1077; t. IV, col. 1933.)

（二十）信札四件，三件作於一五九八年報告韶州教務，第四書作於一六一〇年十一月二十三日，致耶穌會長 Aquaviva 報告利瑪竇神甫病故事。(Ricci, Opere, t. II, appendice, no 19, 20, 21, 24.)

第十八　羅如望傳葡萄牙人

一五六六年生——一五八三年入會——一五九八年入華——一六〇四年發願——一六二三年三月二十三日歿於杭州

參考書目 Alegambe, Bibliotheca, p. 498. -Bartoli, Cina, pp 410, 680 seq. -Cardoso, Agiologio, 21 juin, -Cordara, Historia t. I, p. 69. -Couplet, Catalogus, p. 10. -Franco, Annus gloriosus, p. 352. Ricci, Opere, t. I. -Semedo, Histoire, pp. 292 seq. Trigault, Expédition, pp. 787 seq.

羅如望(Jean de Rocha)神甫字懷中，出生於葡萄牙教區之 Lamego 城。在 Coimbre 城入會，一五八六年赴印度，時距卒業修院後未久也。在臥亞習哲學三年，在澳門習神學四年。

一五九八年始派至韶州，已而被派至南昌與蘇如望共處，利瑪竇赴北京時，又被派至南京，與郭居靜共處。南京，中國之陪都也，如望曾在此城爲瞿太素授洗；一六〇三年徐光啟丁父憂回上海守制，路過南京時，亦經如望授洗。(Trigault, Expéd., pp. 793 seq., 862 seq.)

如望管理此城教會數年，信徒入教者甚衆。一六〇九年如望在南昌，一六一六年南京仇教時，如望偕邱良厚(Mendez)修士避難至建昌，偕其他神甫二人匿居一教民宅。(Bartoli, Cina, pp. 622 seq., 784 seq.)

建昌首先授洗之人乃一萬(Wan)某，洗名瑪竇，其人先在北京試第一，入翰林，至是全家入教，妻子父母悉皆受洗。(Bartoli, Cina, p. 626.)

如望從江西建昌至福建漳州開教，已而又被派至江蘇嘉定，曾在此城建築第一教堂，其後未久，被迫而避難杭州楊廷筠家中。如望在杭州曾與徐光啓草疏辯明南京禮部侍郎沈㴶之誣陷，疏未上，沈㴶被劾，不自安，致仕歸（一六二二）仇教事遂解。

會如望受命爲會督，而天啓帝又許諸傳教師回北京，此二事之發生幾在同時也。次年一六二三年三月如望卒，光啓聞訃，全家持服，如遭父喪。如望葬杭州方井南。(Couplet, Histoire d'une dame chinoise, p. 69. -Bartoli, Cina, p. 780.)

如望遺作列下：

（一）天主聖教啓蒙一卷，是編原爲 Marc George 神甫而以 Cartilha 名者所撰之葡萄牙文教義綱領，如望僅將其轉爲華言。

（二）天主聖像略說一卷，一六〇九年本，Klaproth 撰柏林漢文鈔本書錄第二册五四頁有著錄。(Sommervogel, Bibliothèque, t. VI, col. 1931.)

第十九 龐迪我傳西班牙人

一五七一年生——一五八九年入會——一五九九年入華——一六〇三或一六〇四年發願——一六一八年一月歿於澳門

參考書目 Alegambe, Bibliotheca, p. 173. -Bartoli, Cina, pp. 339 seq. 667 seq. -Couplet, Catalogus, p. 11. -Huc, Christianisme, t. II, p. 245. -bdu Jarric, Histoire, pp. 963, 1062. -Jouvancy, Historia, liv. XIX. -Ricci, Opere, t. I.-Semedo, Histoire, pp. 287 seq.-Sommervogel, Bibliothèque, t. VI, col. 172 seq. -Trigault, Expédition, pp. 1063 seq.

龐迪我(註一)(Didace de Pantoja) 神甫字順陽，出生於 Séville 教區中之 Valdemora 城，十八歲入 Tolède 州之修院。卒業後請赴外國傳教，一五九六年遂共龍華民神甫東邁。迪我原被遣赴日本，然於一五九九年抵澳門時，范禮安神甫遣之至南京，與利瑪竇神甫共處。瑪竇第二次赴京時，携迪我同行。

（註一）鈔本辨揭（見傳後書錄）作迪義，北平圖書館藏鈔本作迪我，然明史卷三二六及正教奉褒皆作迪我。

迪我至北京之初數年，瑪竇大得其助，瑪竇與士夫應接或編撰書籍時，「迪我則以教義授於應受洗禮之人，蓋其曾習華語，善於言詞也。」(du Jarric, Histoire, p. 1019) 一六〇五年時，「彼曾至近畿若干村莊傳教，在一遠距二十四哩 (lieues) 之地爲十人或十二人授洗。次年至別一地爲十三人授洗，而人皆爭延之至。」(Ibid., p. 1062.)

瑪竇死後，迪我時在擔任外間事務，因與諸士夫計議，擬奏聞朝廷，請旨賜葬地一區。瑪竇能在城外獲欽賜葬地，蓋得迪我力也。

迪我同熊三拔同奏請旨，得閣老葉向高(註二)力，下部議奏，上准如所請。(Semedo, Histoire, p. 295.)

(註二)向高字進卿，謚文忠，明史卷二四〇有傳。

向高等以葬地四所示迪我，命自擇之。迪我選擇城外之佛寺一所，乃宦官某之產業，宦官得罪下獄，此寺籍沒入官，瑪竇卽葬於此。

葬地有園林，有禮拜堂，上圓頂，下六方形，外有兩半圓牆以護之。瑪竇墓用磚砌成，砌時不用石灰，破偶像之泥以代之。

諸聖瞻禮日，作樂，舉行第一彌撒，教友畢至。此禮拜堂專奉天主，諸神甫復在其附近別爲聖母建築禮拜堂一所。第一禮拜堂上高懸欽賜二字匾額。(Semedo, Histoire, pp. 295 seq. Trigault, Expéd., pp. 1077 seq.-Annuae 1612, pp. 140 seq.)

葬後，迪我以餘時編纂華文書籍，以爲訓練新志願受洗人之用。一六一一年迪我三拔奉朝命改正曆書。

一六一一年迪我被暴民毆擊，幾頻於死，復數攖若干大吏之怒，亦幾頻於危。(Annuae, 1612, pp. 91 seq, 160 seq.)

一六一六年仇教之事起，迪我雖屢經奏辯，仍不免偕京內外諸神甫同被遣逐。甫抵澳門得疾死，時在一六一八年之一月也。(Bartoli, Cina, pp. 667, 668.)

迪我遺作列下：

（一）七克大全七卷一六一四年北京刻本此書屢經覆印後有一六四三年北京刻四卷本一七九八年北京刻七卷本一八四三年泗涇(Se-king)刻本一八四九年上海刻二卷本一八七三年土山灣刻四卷本此書曾經天學初函收入同一書經遣使會士轉爲官話凡二卷題曰七克眞訓一八五七年刻本前有浙江代牧 Danicourt 序；土山灣有一九二二年重刻本。(一九一七年書目附目一八六號)

一七七八年乾隆帝修四庫全書時，公教司鐸所撰基督教義之書被採錄者三種(註三)此其一也。

(註三)此據一七七八年七月三十一日北京之一信札，(疑出錢德明神甫手)見 Lett. édif, édif. Pantheon, t. IV, pp. 246, 246. 然公教司鐸等所撰關於教義之書經四庫採錄者計有八種不祇三種此外尙有關於科學之撰述十六種，不在數中。參看四庫目錄答問。

此書頗爲士夫所重，康熙帝族某王名若望(Jean)者，深通文學，曾記其入教始末，有云使其入教之要，因蓋七克一書有以啟之。(Lett. édif. 巴多明神甫一七三六年十月二十二日信札；t. III, p. 482.)

（二）人類原始。

（三）天神魔鬼說一卷。

（四）受難始末一卷，一九二五年土山灣有重刻本。(一九一七年書目附目第八號。)

（五）龐子遺詮二卷。(Cf. Wylie, Notes, p. 139.)

（六）實義續篇一卷，瑪竇天主實義之續編也。

（七）辨揭一卷，一六一六年仇教時所上之辨揭也，疑在一六一八年刻於廣州或澳門。（註四）

（註四）徐家匯藏書錄有手鈔本，題曰龐迪我熊三拔具揭。

（八）龐迪我神甫所撰關於中國基督教之意見書，乃一六〇二年三月九日作於北京，致 Tolède 區長 Louis de Gusman 者，有一六〇四年及一六〇五年西班牙文本，一六〇七年法文本，一六〇七年意大利文本，一六〇七年拉丁文本，一六〇八年德文本。

（九）迪我曾爲中國皇帝繪有四大洲地圖，每洲一幅，復由倪雅谷 (Jacques Néva) 修士裝飾甚麗。圖之四圍附以說明，略誌各國之地理歷史政治物產。徐光啟並以教義之說明附焉。皇帝及諸近臣見圖，頗賞其繪事之精。

柏應理及 Bartoli 謂迪我曾用華文撰有一書，說明天主及其特性，此本今未見。(Couplet, Catal., p. 11. -Bartoli, Cina, p. 680; cf. Sommervogel, Bibliothèque, t. VI, col. 172 seq.)

第二十　李瑪諾傳葡萄牙人

一五五九年生——一五七六年十二月三十日入會——一六〇一年入華——一五九五年七月十日發願——一六三九年十一月二十八日歿於澳門

參考書目　Alegambe, Bibliotheca, p. 189. -Bartoli, Cina, pp. 1054 seq. -Couplet, Catal., p. 12. -Franco, Ann. glor., p. 413. -Guilhermy, Portugal, t. II, p. 25. -Jouvancy, Historia, I, XIX. -Ricci, Opere, t. I, Trigault, Expéd., pp. 798, 962.

李瑪諾（Emmanuel Diaz senior）神甫字海嶽，別號老瑪諾，蓋其西名與陽瑪諾同，故加老字以別之。出生於葡萄牙 Portalégre 教區中之 Aspalham 小城。入會後九年，尚未晉司鐸時，在一五八五年四月十日附 St. Jacques 舟赴印度。是年八月十五日在非洲之 Sofala 沿岸遭難，舟沉，幸得生。然在此酷熱氣候之下，備受 Cafres 部落之窘迫、饑餓、裸體、烈日諸苦備嘗然較之目睹諸同伴百物皆缺而死於此種廣大荒野之情形，此苦不足道也。

瑪諾僅與後晉日本主教之 Pierre Martins 神甫（註一）獨獲免赴臥亞，完成其學業，即在此城發四願。管理此教區中之 Tana 及 Chaul 兩城之教務，並為視察員范禮安神甫之會辦（Socius）者三年。曾任澳門之會團長兩次，中國日本傳道會視察員兩次。（Alegambe, Franco, l. c.）

（註一）原作 Pierre Martinez 誤，今改正爲一五四二至一五九八年間人，參看 Sommervogel Bibliothèque, V. 654.

一五九六年瑪諾奉命爲澳門會團長任職期滿，Valentin Carvalho 神甫代之。至是瑪諾被派入中國內地，視察韶州南昌南京三處教所，並奉命不得逆中國會督利瑪竇神甫之意而行。諸神甫「見其至喜甚，共上書於視察員請留此勤良耕夫墾此新田」。(Trigault, Expéd., p. 799. -Ricci, Opere, t. I, pp. 440 seq.) 瑪諾昔在澳門時，卽始終鼓勵傳教事業。一六〇四年遂欣然攜倪雅谷 (Jacques Néva) 修士同赴北京。抵京後與瑪竇共議兩月，復偕郭居靜神甫南下執行其職。

會視察員歸自日本，召瑪諾回澳門。瑪諾向視察員作最有利之報告，於是范禮安神甫乃命中國傳道會之會督對於澳門會團長完全獨立，縱關於允許中國修士入會之事亦然。且在澳門設置主計員 (procureur) 一人，主持傳道會之會計事務。復指定數人於以後諸年中陸續進入中國內地，且許再從印度歐羅巴兩地加派人員來華。(Trigault, Expéd., p. 812. -Ricci, Opere, t. I, pp. 452 seq.)

佈置既畢，瑪諾於一六〇五年攜邱良厚 (Pascal Mendez) 修士重返南昌傳佈宗教，次年入教之人倍增，逾二百人。南昌有一明朝宗王受洗，洗名約瑟 (Joseph)。王之兄弟或從兄弟三人亦於諸王瞻禮日 (Epiphanie) 受洗，洗名卽以三慕閣 (Mages) 國王之名 (Mélchior, Gaspar, Balthasar) 名之。王之幼子洗名瑪諾 (Emm-anuel)。王之老母雖篤信佛教，亦有皈依之意：「所以邱良厚修士赴其家說教，顧中國男女之界嚴，良厚乃隔簾爲之講說，然至授洗之日，不意至者六人，卽其女一人，姪女一人，婢女四人」。(Trigault, Expéd., pp. 842 seq.

Ricci, Opere, t. I, pp. 476 sep.)

新入教之人日衆，城中士人嫉之，一六〇七年禍幾發生。瑪諾因舊修院小，乃購置一較適宜之房屋。諸士人遂訴於官，謂諸歐羅巴人禁人敬奉祖先遺像，不留後嗣，使寺廟荒寂，城鄉騷擾，其敬奉者乃一判處極刑之人。城中長官殆曾閱瑪諾護教之說，且知初來南昌傳教之利瑪竇神甫在京頗受寵遇，不受其詞，並出示保護教士，且爲之辯誣。(Trigault, Expéd., pp. 962 seq. -Ricci, Opere, t. I, pp. 559 seq.)

一六〇八年三月修院開辦，有修士四人，並澳門籍，父母皆教徒，主院事者駱入祿 (Jérôme Rodriguez) 神甫也。此外別有輔佐教友三，亦皆華人。耶穌降誕之日，瑪諾舉行教堂開幕禮，堂中設二壇，一奉救世主，一奉聖母；壇前置二燈，日夜燃之。(Bartoli, Cina, p. 473. -Trigault, Expéd., p. 987. -Ricci, Opere, t. I, pp. 575 seq.)

一六〇九年瑪諾被召至澳門，重爲會團長，嗣後其任務吾人幾完全不明，僅知其在一六一九年時尚在澳門。一六二二年奉命視察一切傳教處所；一六二六年曾至嘉定。一六三〇年目錄中無其名，殆在視察別一傳教處所。一六三六年會長擢之爲中國日本安南南北圻 (Cochinchine, Tonkin) 暹羅阿瓦 (Ava) 柬埔寨 (Kamboja) 老撾 (Laos) 等處視察員。

一六三七年瑪諾曾上書於 Mutius Vitelleschi 神甫，言其居東方五十一年，而任道長或諮議 (consulteur) 之職逾四十九年，習練會內外之人與事，用特懇請會長於遣赴中國日本傳道會之人員時，不必僅限葡萄牙人，務盼將歐洲各教區之神甫一並遣發，並期其爲會中訓練良好之司鐸，各具一藝，如畫師數學者天文學者之類由是可免久居澳門，蓋澳門之氣候不適於研究也。「至若華人，雖許其入會，顧此輩奉教之時不久，似不宜以關涉會中名望若誓願之遵守，聖事之舉行等務委之。」(Bartoli, Cina, p. 1055.)

一六三九年十一月二十八日瑪諾歿於澳門，繼其後爲視察員者乃 Rubino 神甫。

瑪諾遺作甚少，列舉於下：

（一）一六〇七年上南昌官吏書，辯士人誣陷事。(Trigault Expéd., p. 968.)

（二）一六三〇年上會長 Vitelleschi 書，關於天主是否可稱上帝問題，主張上帝名稱可用。(Bartoli, Cina, p. 121.)

一六三七年三月十日上會長書，陳述遣赴中國之傳教師必具之資能事。(Bartoli, Cina, p. 1055.)

Navarrette 神甫書 (Trad. Hist.) 著錄有瑪諾之信札兩件：一爲一六三九年七月一十六日在澳門致菲律賓羣島 Rosaire de St Dominique 教區區長 Charles Gan 神甫書；一爲一六三九年六月四日致多明我會士 (Dominicain) de Morales 神甫書。茲二書皆答書，蓋二神甫關於中國之禮儀問題數點未明，曾致書於瑪諾也。

（三）有人謂一六一九年十二月七日作於澳門之 Litterae annuae de Sinis 及一六二六年三月一日作於嘉定之相類年報，並出瑪諾手筆。(Alegambe-Sotwell, Bibliotheca, p. 189.) 一六一九年年報見 Relationae dellae cose piu notabili della Cina, Roma, Zanette, 1624, p. 1-61. 具瑪諾名。一六二六年年報，意

大利譯文見 Lettere dell'Ethiopia 1626 e della Cina 1625, Roma Zanette 1629. 法文譯文見 Histoire de ce qui s'est passé au royaume d'Ethiopie, traduit. du P. de Machault, Paris, 1629. (Sommervogel, Bibliothèque, t. III, col. 42 seq.)

（四）Christophe de Mürr (Litterae patentes p. 6) 引有瑪諾致會長 Aquaviva 書，一六〇九年十一月十一日作於澳門。

（五）南昌信札二件：一作於一六〇四年十一月二十二日，一作於同年同月二十九日，並言其事業與其計畫。(Ricci, Opere, t. II, nos 22, 23.)

第二十一　費奇規傳葡萄牙人

一五七一年生——一五八八年入會——一六〇四年入華——一六一二年十一月二十一日發願——一六四九年十二月二十七日歿於廣州

參考書目　Alegambe, Bibliotheca, p. 267. -Bartoli, Cina, pp. 439, 571. -Complet, Catal., p. 14. -Cordara, Historia, t. I, p. 170. -du Jarric, Histoire, t. III, p. 1062 -Ricci, Opere, t. I. Semedo, Histoire, pp. 285, 327. -Trigault, Expéd., p. 814.

費奇規(Gaspard Ferreira)神甫字揆一，出生於葡萄牙之 Castro-journao 城。修行後，習辯學一年，哲學三年，一五九三年赴印度，尚未晉司鐸也。教授文學四年，已而赴澳門完成其神學，一六〇四年范禮安神甫遣之赴北京。在途頗受導引之閹人虐待，不意禍不單行，於抵港前舟沉於河中。失資逾二百金(écus)，並供獻皇帝朝廷之美麗貢品，皆沉於水。惟聖經八册乃樞機員 cardinal San Severin 贈諸神甫者，得救出，未經河水浸透。(Trigault, Expéd., pp. 815 seq. -Ricci, Opere, t. I, pp. 463 seq.)

利瑪竇神甫欲其練習語言及傳教事務，除委之訓練修士亘六年外，並以龐迪我神甫新在近畿建設之諸教所數處委付之。時有入教者甚衆，奇規乃分其人爲三部，男子命 Leitao 修士講授教義，婦女年老者，奇規自任講授之責，幼婦少女則命業經訓練之兒童爲之解說。是年受洗者一百四十人，復往其他村莊說教，有一處經一婦女勸化七家之人而領之受洗。(du Jarric, Histoire, pp. 111, 1064.)

嗣後奉命與陽瑪諾(Emmanuel Diaz Junior)管理韶州教務，曾用一切可能方法謀復以前事業。然其辛勤枉費，韶州之儒士僧人及城中多數居民皆反對教士。彼等於一六一二年四月十三日被逐出城，時距利瑪竇開教之時有二十三年矣。但教敵勝利之時甚暫，會河水漫溢，全城皆受水災。

諸神甫等遂乘舟溯流而上，抵於河水發源之梅嶺，南雄縣城即在嶺下。彼等抵此時在七月三十一日。在此城中賃屋而居，將水災時所能救出之少數什物移置屋中，並於其中佈置禮拜堂一所。城民聞外國人至，爭來觀之，傳佈福音之門戶遂啟，是年終受洗者三十八人。(Semedo, Histoire, p. 287.-Bartoli, Cina, pp. 577 seq.)

萬曆帝降旨驅逐傳教師出境之時，南雄官吏曾以上意通知奇規，然許其待同伴至而後行。奇規爲慎重計，即出走。自是以後奇規事蹟吾人不甚詳悉。柏應理(Couplet)神甫謂其曾赴江西建昌建築教堂一所；此事曾經一六三〇年目錄證明，一六三四至一六三五年間奇規尚在建昌。奇規曾至河南，然其年代未詳。清兵入關時，奇規退還廣州。一六四八年目錄誌其在廣州傳教。Dunyn-Szpot 神甫書（一六四九年下）明言其一六四六年後與畢方濟(Sambiasi)同在廣州。清兵下廣州，奇規賴葡萄牙人之救，得不死。嗣後畢方濟臨危時，彼曾臨視，無何本人亦疾終，時在永歷四年或一六四九年十二月二十七日也。Sotwell 神甫謂其歿於北京，柏應理神甫謂其歿於一六四四年，並誤。(Alegambe, Bibliotheca, p. 226.-Couplet, Catal., p. 12.)

奇規遺作列下：

（一）週年主保聖人單。

（二）玫瑰經十五端一卷，土山灣有重刻本。（書目四四八號。）

（三）振心總牘一卷，刻於奇規死後。Cordier, L'Imprimerie……（1901） no 114 著錄有振心諸經，殆為同一書也。

（四）安文思 (de Magalgaens) 神甫書(Nouv. relation p. 101) 謂其撰有漢葡字書一部及各種漢文著述二十餘部。

（五）奇規曾撰論駁龍華民漢文天主名稱之非。(Sommer-Vogel, Bibliothèque, t. III, col. 683.)

（六）信札，見 Annuelles de 1606-1607, pp. 178-194.

第二十二　黎寧石傳 葡萄牙人

一五七二年生——一五九六年入會——一六〇四年入華——一六一二年十一月二十一日發願（註一）——一六四〇年歿於杭州

參考書目 Couplet, Catal., p. 13. -Trigault, Expédition, pp. 814, 1003.

黎寧石 (Pierre Ribeiro) 神甫字攻玉，出生於葡萄牙之 Petrogao 城；晉司鐸後，於一六〇〇年東邁。在澳門修業完畢後，(Catalogus 1603, in Archiv.) 一六〇四年被派至南京學習語言，居南京數年，又居上海數年，往返於江南浙江二省傳佈宗教。一六三〇年時居上海。一六三四年在上海為四百一十四人受洗，一六三五年在南京為三百二十人授洗後，重赴杭州，於一六四〇年歿於此城（據墓碑）。葬於方井南。

（註一）Sfica 目錄作一六一六年九月十八日。茲從一六二六年目錄作一六一二年十一月二十一日。一六二一年目錄作一六一七年二月二十四日；一六三六年目錄作一六一六年九月十八日。

第二十三　杜祿茂傳 意大利人

一五七二年生——一五九四年十一月六日入會——一六〇四年入華——一六〇九年七月二十五日歿於韶州

參考書目　Bartoli, Cina, p. 499. -Couplet, Catal., p. 15. -Trigault, Expédition, pp. 1026.

杜祿茂 (Barthélemy Tedeschi) 神甫(註一)字濟宇，出生於 Florence 州之 Fivizzano 城，就學於羅馬學校。嗜讀印度諸傳教師之信札，因有傳道外國之志。於是請入安德修院研究哲學，畢，一六〇〇年東邁，在澳門完成其神學。范禮安神甫器其人，一六〇四年遣之赴韶州，為龍華民神甫伴侶。祿茂居韶五年(註二)，疲勞致疾，歿於聖雅各 (St Jacques) 之瞻禮日，人皆惜之。

(註一)北平圖書館藏鈔本作祿畝，別據他書字澹宇，夏鳴雷 (Havret) 神甫西安景教碑第二篇五三頁已將此名字殊異之點檢出矣。

(註二)一九二五年四月刊聖教雜誌引道學家傳，謂其亦曾傳教江西。

李瑪諾駱入祿二神甫運其柩歸葬澳門 (Trigault, Expédition, pp. 1026 seq. -Ricci, Opere, t. I, pp. 604 seq.)

第二十四　駱入祿傳葡萄牙人

一六〇五年入華——一六三〇年前後歿於澳門

參考書目　Bartoli, Cina, p. 480. -Couplet, Catal., p. 18. -Marini, Delle missione, p. 170. -Semedo, Histoire, p. 142. -Trigault, Expédition, p. 1028.

駱入祿(Jérôme Rodriguez)(註一)神甫字甸西，似出生於葡萄牙之 Monforte 城，一五九六年赴印度，在印度完成其學業；一六〇五年被派至韶州，與龍華民神甫共處。一六〇八年南昌設修院，入祿爲院長，修士七人皆華籍，並用歐羅巴姓名。(Bartoli, Cina, pp. 430, 571.)

(註一)鈞案北平圖書館藏鈔本作尺祿。

一六〇九年，入祿病，偕李瑪諾共還澳門，時瑪諾被任爲澳門會團長也。入祿等共運杜祿茂神甫柩而行，舟至廣州，易小漁舟安抵澳門。(Trigault, Expédi., p. 1029. -Ricci, Opere, t. II, pp. 604 seq.)

一六二一年，入祿爲東亞一切傳教區之視察員。同年集資深學優之傳教師七人，共議中國禮儀問題及天與上帝名稱問題。一六二七年諸神甫重在嘉定集議，主持其事者乃入祿之後任 Palmeiro 神甫也。一六二六年時，入祿曾遣 Baldinotti 神甫與 Piani 修士赴交趾建設傳道會一所。(Marini, Delle missione, p. 170.) 曾德昭神甫（Histoire, p. 142）謂其曾歷遊中國各地。數年後歿於澳門。

第二十五　林斐理傳葡萄牙人

一五七八年生——一五九三年十二月十五日入會——一六〇五年入華——一六一四年五月九日歿於南京

參考書目　Annuae, 1616.-Bartoli, Cina, pp. 597, 672. -Cardoso, Agiologio, t. III, p. 124.-Cordara, Historia, t. I, p. 132.-Couplet, Catalogus, p. 17.-Franco, Annus gloriosus, p. 263.-Guilhermy, Portugal, t. I, p. 426. -Jouvancy, Historia, p. 561. -Patrignani, Ménol., 9. mai. -Trigault, Expédition, p. 1003.

林斐理(Félicien da Silva)神甫字如泉，出生於葡萄牙 Braga 教區之 Pliveiro dos Fradres 會入Coïmbre 修院。一六〇一年赴印度，即在其地完成學業，嘗受司鐸。一六〇五年被派入華，管理南京教務幾有九年。

一六〇九年時因南京氣候不適，得重病，還澳門診治；疾甫愈，即赴南京。(Trigault, Expéd., p. 1003. -Ricci, Opere, t. II, pp. 588 seq.) 一六一二年曾偕郭居靜神甫、鍾巴相修士共赴杭州，最後巡歷之地是處州府，斐理曾與石宏基 (de Lagea) 修士爲七十人舉行洗禮。(Jouvancy, Historia, p. 561.) 會病重，還南京，歿於一六一四年五月九日。(Bartoli, Cina, p. 597.)

一六一七年南京仇教時，沈㴶曾破斐理棺，其屍未腐，亦無臭味。諸教友重葬之於聚寶門外雨花台下。(Bartoli, Cina, pp. 598 seq., 672 seq. -Franco, An. glor., p. 263. -Colombel, t. I, p. 228.)

第二十六 高一志傳意大利人(註一)

一五六六年生——一五八四年入會——一六〇五年入華——一六〇六年八月十五日發願(註二)——一六四〇年四月十九日歿於絳州。

參考書目 Annuae, 1618.-Bartoli, Cina, pp. 550 seq., 1144.-Cordara, Historia, t. I, pp. 67 seq; t. II, pp. 227 seq.-Couplet, Catal., p. 16.-Drews, Fasti, 19 avril. Guilhermy, Italie, 19 avril.-Huc, Le Christianisme, t. II, p. 272.-Jouvancy, Historia, liv. XIX.-Kircher, China, t. I, p. 119.-Martini, Brevis relatio, p. 15.-Patrignani, Ménol., t. II, p. 88.-Ricci, Opere, t. I.-Semedo, Histoire, chap. VIII & IX.-Sommervogel, Bibliothèque, t. VIII, col. 363 seq.-Trigault, Expédition p. 1007.

高一志 (Alphonse Vagnoni) 神甫字則聖，貴族裔，生於 (Turin) 教區中之 Trofarello，修道後教授古典及修辭學亙五年。據聞 Brera 學校盛儀接待 Savoie 公爵 Charles-Emmanuel 時，高一志修士擔任頌接待詞，所致詞沈着美妙，公爵頗器重之。已而在 Milan 教授哲學三年。後請派往外國傳道，遂於一六〇三年偕同日本殉道人 Camille Costanzo，錫蘭殉道人 Jean Metella 二神甫及其他神甫數人同舟東邁，而以一志爲道長。一六〇五年派往南京，次年八月十五日發四願。(Bartoli, Cina, pp. 1144 seq.)

(註一)一志初冠姓名王豐肅，字一元，一字泰穉，後改高一志，字則聖。參看註六。

(註二)一六二四年目錄作一六〇六年；一六二六年目錄作一六〇九年。

初入中國之四年，一志精研中國語言文字，歐維巴人鮮有能及之者，因是撰作甚多，頗爲中國文士所嘆賞。一六〇九年時城中人被勸入教者甚衆。有大吏某因徐光啓之介，與諸傳教師訂交，然其人輒鄙視教中書籍。一志曾爲之製天體儀，地球儀，並附以說明。其人漸與一志親暱，感情爲之一變，終入教受洗，教名若望（Jean）。(Trigault, Expéd., p. 1007.-Ricci, opere, t. I, pp. 588 seq.)

一六一一年五月三日彼在南京爲眞主建築第一教堂，是爲全國所建之第二堂。壁上用漢文大字題曰：「一六一一年五月三日耶穌會諸神甫在中華古國之南京建築之第一教堂。」(Bartoli, Cina, pp. 551 seq.) 一志（時名王豐肅）留居此城，迄於一六一六年教案之起，時入教者甚衆，中有士夫數人。

據龍華民神甫之證明，南京傳教所乃當時中國全國最發達的傳教所之一。是爲種種德行燦爛之園圃。入教及受洗者甚衆，其中有士夫，城鄉居民不少，亦有外國人。一志爲婦女設聖母會一所；其實行默誦與永遠守貞之贖罪方法者，爲數甚多。(Bartoli, Cina, pp. 554, 631.)

一六一五年，萬曆皇帝命沈漼爲南京禮部侍郎。此人不喜基督教徒，而有私怨，緣其在宗教辯論中數爲人所窘也。南京僧人曾以銀萬兩賄之，慫其驅逐傳教師。(Annuæ de 1618.) 一六一六年五月沈漼上疏請逐教士，其大意謂：其人潛入中國，變亂曆法，誑惑小民，合將爲首者依律究遣，其餘立限驅逐。(Semedo, Histoire, p. 308.)

其詞尚有彼等「自稱其國曰大西洋，自名其教曰天主教。夫普天之下，薄海內外，惟皇上爲覆載炤臨之主，是以國號曰大明，何彼夷亦曰大西，且既稱歸化，豈可爲兩大之辭以相抗乎？」「豐肅神姦，公然潛住正陽門裏，洪武岡之西……城內住房既據洪武岡王地，而城外又有花園一所，正在孝陵衛之前……狡夷伏藏於此，意欲何爲乎？」（出處同前。）

疏既上，雖經徐光啟（Paul）（註三）李之藻（Léon）、楊廷筠（Michel）、孫元化（Ignace）諸人上疏辯護，然終不免一六一六年八月二十日及此後之屢降上諭，將諸傳教師下獄，並押解出國。一志（王豐肅）明知其事，然與謝務祿（Semedo，後改名曾德昭）神甫仍守其居宅，而待吏役之至。及吏役來，守其門，清查其財產，封其箱籠。務祿已病，閉置於一房中，用椅舁豐肅至沈漼前，漼立投之獄。（Semedo, Histoire, p. 311.）（註四）

（註三）光啟曾上二疏以駁沈漼之說，其一疏今題辯學疏稿。其他諸人亦曾上疏辯護。

（註四）此案文件全載破邪集中，集八卷，初刻於萬曆末年，俞未久日本及安南南圻有重刻本。據此集卷一載會審王豐肅等呈文云：「會審得王豐肅面紅，白眉、白長眼、深鼻、尖鬍鬚黃色。供稱年五十歲，大西洋人，幼讀夷書，繇文考理考道考得中多耳篤（docteur），即中國進士也。不願爲官，只願結會，與林斐理（Félicien de Silva）等講明天主教。約年三十歲時，奉會長格老的惡（Claude Aquaviva）之命，同林斐理陽瑪諾（Em. Diaz junior）三人，用大海船在海中行走二年四個月，于萬曆二十七年（一五九九）七月內前到廣東廣州府香山縣香山澳中。約有五月，比陽瑪諾留住澳中。是豐肅同林斐理，前至韶州府住幾日，又到江西南昌府住四月，于萬曆三十九年（一六一一）三月內前到南京西營街居住。先十年前有利瑪竇（Matthieu Ricci）龐迪峩（Didace de Pantoja）郭居靜（Lazare Cattaneo）羅儒望（Jean de Rocha）等已分住南京等處。」

沈漼欲置諸人於死，然會審者僅遵北京來命，將諸傳教師押解出國。然在屢次鞫訊中，侮辱備至。「有足踢者，有拳擊者，有批頰者，其勢之來，有同暴風雨；有推擊者，近類波浪；有唾吾人之面者，有拔吾人之毛髮者，挫辱甚至，未能畢書。」(Semedo, Histoire, p. 317.)

當此時間，諸教徒之表示，皆無愧於其神甫，無謀自救或輕其縲絏而自辯無罪者。有數人且欣然受拷訊，惟願爲信仰而受苦刑，惟恐不能殉教而死。(Semedo, Histoire p. 318.)

中有二人被瘐死，一名 Pierre Hia，南京人，年二十二歲，入教已五年，德行素著，是爲宗教而死於獄中之第一人。次名 Guillaume Ven，已婚，服役諸神甫所，死時較後。又有一教徒名姚如望 (Jean Yao)(註五)好學而深思，會製四旗，上書其姓名籍貫職業，以一旗插頭上，被捕後口稱願爲天主死。尚有軍官二人，一名 Ignace Tsen，一名 Luc Tchang；鐵工一人，名 André Hiang；教授諸神甫華語者一人，名 Philippe Sin，其人因此被褫奪功名。又有生員某自北京來看護教徒數月，爲之裹創，常入獄慰之。在教之婦女醵其所得之工資送獄中，以濟最苦之教徒。(Semedo, Histoire, p. 323.)

(注五)鈞案此節所記華人姓名，僅有姚如望一人見諸會審鍾鳴仁案牘，此外見諸同一案牘者，有曹秀、游祿、蔡思命、王甫、張元、王文、劉二、周可斗、王玉明及幼童五名；見諸鍾鳴禮案牘者，有張寀、余成元、方政、湯洪、夏玉、周用、吳南諸人。參看破邪集卷二。

拘禁數月，出二神甫於獄，重提至沈㴶前。一志(豐肅)衰甚不能立，以板畀之行。㴶予杖十，判押解出境。務祿因病得免杖責。一志(豐肅)受杖創甚，月餘始愈。彼等之房屋器具書籍概被沒收。

「將我輩囚置於一狹小之木籠中，項手帶鍊，髮長衣服不整，示我輩爲外來蠻夷。一六一七年四月三十日如是囚置，從獄提至法堂，加貼封條。……三桌前導，上陳上諭，禁止一切華人與我輩交通。如是離南京，囚處木籠三十日」抵於廣東省之第一城。數日後抵澳門。書籍儀器器具皆被沒收；教堂居宅皆被折毀，而以材料供其他建築之用。(Semedo, Histoire, pp. 328, seq.)

後至一六二四年，一志始能重入中國。是年以前，則從事於編撰後來印行之漢文著作；並在澳門教授神學兩年，任學校教習一年。南京識一志者多，乃遣之至山西(註六)。一志至絳州，為兩名官授洗，其一人名韓雲(Etienne)，其一名韓霖(Thomas)，兩兄弟也。既得此二人助，第一年中入教者二百人，內有士人六十，宗室數人。一六二六年入教者五百人；一六二七年其數同；嗣後每年加增。由是金尼閣神甫首先開教之時僅有教徒二十五人之地，至一志歿時有教徒八千，中有二百人乃為有功名之士夫也。其後未久，一志另闢別一教區於同省內之蒲州府，至若其他城鄉經其開教者尚未計焉，則謂一志為山西省開教之宗徒，洵不為過。(Bartoli, Cina, p. 1145.)

(註六)至是彼始改王豐肅之名曰高一志。

彼雖在別一地方開教，然不遽將其他教所付與他人，不憚跋涉山谷，尋求信徒，逐家訪問，安慰苦人，救濟弱者。一六三四年副區長傅汎際(Furtado)神甫致會長書有云：「高一志神甫有教徒數千人，散布於五六城市及五十餘鄉村中，每年不憚勞苦周巡兩次，而安居時則編撰漢文書籍，無時或息也。」(Bartoli, Cina, pp. 1039, 1145.)

一六三四年時，絳州大饑，人民死者以千計；饑民為求生，至殺生人，掘死屍以為食；母殺其子，致令人憶及耶路撒冷(Jérusalem)城被圍時之慘象。

一志在此時盡力救濟災民，留方德望(Le Fèvre)神甫及陸有基(Emm. Gomes)修士於絳州，本人則犯冒險阻，到處救濟難民，爲病危者授洗。是年絳州及蒲州府受洗者有一千五百三十人。(Bartoli, Cina, p. 1041, seq. -Fariay Souza, supplément à Semedo.)

又立育嬰堂收養棄兒，未久得三百人。諸兒饑半死，獲生者鮮，然皆受洗禮而終。官民見其慈善濟衆，甚德之。婦女爭施首飾以助。

有信教官吏段袞(Pierre Toan)者，爲聖母會監督，中有士人四十人，感一志之行誼，會以其房屋施貧民，施食食之，導之入教。或拾棄兒，或卑躬助人，聞活埋嬰兒者，輒馳往救之。(Bartoli, Cina, pp. 1044 seq.)

當此時間絳州大火，教民房屋獨免。當時靈蹟不僅此也，用十字架聖水等法愈病之事，時見有之。(Bartoli, Cina, pp. 1045 seq.)

一六三七年，蒲州府教民之數日增，一志不得已請郭納爵(Ignaee da Costa)神甫管理此城教務。閣老韓爌者，絳州人也，會力助之；爌謂宗教之正者莫若天主教，願全國人皆信奉之，因勸導士夫及宗室入教，故一志抵絳州甫數月所設之教會，其會中人純爲官吏及閣老之戚屬。(Bartoli, Cina, p. 1049.)

一六四〇年四月十九日一志得疾卒。(註七)中國傳教會中諸神甫深爲教內教外人同傾服愛敬者，除利瑪竇外，無能逾於一志者也。(Bartoli Cina p. 1145)其遺作列下：

(註七)Missions catholiques 第四卷三〇六頁謂一志歿於江南，誤也。一志確歿於山西之絳州。徐神甫在一九二五年四月聖教雜誌中所刊布之道學家傳謂一志葬於杭州南門外，亦誤。杭州傳教師在一九二六年曾告吾人，杭州毫無高一志神甫蹤跡可尋。

（一）教要解略，一作聖教解略，二卷，一六二六年初刻於絳州，一九一四年重刻於土山灣。（一九一七年二四二號書目。）是編撰於澳門。

（二）聖母行實三卷，一六三一年刻於絳州，一七九八年刻於北京，土山灣有重刻本。（一九一七年三十六號書目。）初刻本有羅雅谷 (Jacques Rho) 序。

（三）天主聖教聖人行實七卷，一六二九年刻於絳州，亦為謫居澳門時之撰述。一八八八年土山灣印書館重刻是編第一卷，題曰宗徒列傳，編入道原精粹第七冊中。道原精粹共八冊，四開本。（一九一七年一六一號書目；一九二六年有第二版。）

（四）四末論四卷。

（五）終末之記甚利於精修，凡六頁，一六七五年北京刻，附於柏應理 (Couplet) 神甫四末真論後。土山灣有重刻本。（一九一七年一九〇號書目。）

（六）則聖十篇一卷，一六二六年後刻於福州，卷首有孫元化序。

（七）十慰一卷，刻於絳州。

（八）勵學古言一卷。

（九）西學修身，一名修身西學，十卷，一六三〇年刻於絳州，第四次刻本為土山灣一九二三年本。（一九一七年書目補目八〇一號。）

（十）西學治平四卷，（鈞案北平西什庫天主堂刻有民治西學二卷題高一志撰，疑卽西學治平之節本，聞巴黎國民圖書館藏有西學治平等編，今未見。）

（十一）西學齊家五卷，

（十二）童幼教育二卷，一六二〇年刻本。

（十三）寰宇始末二卷，無刊刻年月處所，曾經文士數人重訂，陽瑪諾傅汎際羅雅谷三神甫核准印行。

（十四）斐錄彙答二卷，斐錄者西語哲學之音譯也。巴黎國民圖書館藏中國書籍新藏三三〇八號。(Courant 所編書目三三九四號。）

（十五）譬學警語二卷，衛匡國 (M. Martini, Brevis relatio, p. 31) 神甫書曾述及是編。鈞案陳援菴先生藏有舊鈔本，前有譬學自引綜論譬喻，卷上題譬式警語卷之上，而無下卷，卷後題耶穌會中同學黎寧石費奇規，費樂德訂，值會陽瑪諾准，與其他耶穌會士著述卷末題例正同，似爲全帙，而傳寫者漏鈔原題卷之下一行也。末有三次看詳，方允付梓，茲並鐫訂閱姓氏等語，應有刻本，刻年應在天啟四年以後，崇禎十三年以前。瑪諾（第二十）寧石（第二二）奇規（第二一），樂德（第四七）本書並有傳。

（十六）神鬼正紀四卷，一六三三年頃刻於絳州。

（十七）空際格致二卷。(Cf. Wylie, Notes, p. 140.)

（十八）Litterae annuae sinensis anni 1618 作於澳門，題一六一八年十一月二十日，刻於諸彙編及 Lettere del Giapone, China, Goaed Ethiopia, 中，曾經 Laurent delle Pozze 神甫轉爲意大利文 in-18, Milan, 1621, pp. 158-253。此年報敍述一六一七及一六一八年間南京仇教事甚詳。別有一六一九年一月六日自澳門致耶穌會長之意大利文記錄 (Relation)，作爲年報附錄，亦述南京仇教事。有舊鈔本三十六頁，藏耶穌會檔，比利時檔。(Brueker 神甫補註。)

（十九）達道紀言一卷，巴黎國民圖書館中國書籍新藏三一三四號。(Cordier, L'Imprimerie p. 52.)

（二十）一六二四年五月致羅馬之葡萄牙助理員 (assistant) 信札，述羅如望神甫在建昌開教及中國傳教事業事。(Bartoli, Cina, p. 784.)

（二十一）金尼閣 (Expéd., p. 1008) 神甫謂一志曾在利瑪竇神甫所撰之教義綱領中附加四註。Sotwel(Biblioth. p. 43.) 神甫從 Bartoli 神甫說，謂一志尚撰有他書數種，然此數書不見於柏應理神甫著錄，而在他書中亦未見徵引；故吾人僅據柏應理，衞匡國二神甫所著錄者及中國若干鈔本著錄者錄存於編。

（二十二）別有推驗正道論一卷，未著撰人名，序題王一元泰穩顧一志舊名王豐肅，且同署名之徐光啟，乃一志之同時人，並爲其友，吾人以爲是編亦屬一志撰述。

（二十三）Sommervogel (Col. 363) 神甫書錄尚著有一六〇六至一六〇七年間信札一件；我以爲此信札首見於 Ferd. Guerriro 之一六〇六至一六〇七年 Relaçam annale 中，緣其見於德文譯本 Historischer

第二十六　高一志傳　　一一

Bericht 七六至七九頁也。

第二十七　鄂本篤傳葡萄牙人

一五六二年生——一五八八年入會——一六〇五年入華——一六〇七年四月十一日歿於肅州

參考書目　Alegambe, Bibliotheca, p. 109. -Bartoli, Cina, pp. 465. -Brucker, Benoît de Goës, Paris, 1879. -Cardoso, Agiologio, t. II, p. 511. -Drews, Fasti, 11 avril, -Guilhermy, Portugal, t. I, p. 341. -Huc, Christianisme, t. II, chap. V. -Du Jarric Histoire, t. III, pp. 145 seq. -Jouvancy, Historia, p. 462. -Kircher, China, p. 62. -Nadasi, Annus, p. 195. -Nieremberg, Los-claros, t. II, p. 341. -Ricci, Opere, t. I. -Semedo, Histoire, p. 25. -Trigault, Expédition, pp. 919 seq.

鄂本篤(Benoît de Goës)修士，Terceyres 諸島中 Saint-Michel 島 Villa-Franca 地方之人也，初隸軍籍。當時青年，尤其是士卒，多耽於賭博及其他過失，本篤亦沈溺於其中。迨至 Malabar 沿岸之 Travancore，忽悔悟，入一聖母堂，泣求聖母向聖子耶穌基督請許其悔過。(Du Jarric, Histoire, t. III, p. 160.)

彼忽見耶穌現形，泣淚如乳，呼其同伴觀之，諸人所見與己同。本篤因痛悟其以往之放逸行爲，遂爲全部之告解，而入教，進耶穌會。(出處同前。)

修院肄習完畢，諸道長見其具有一切必須之品質，欲其進修而晉司鐸；然本篤謙辭，以其過去劣行，不足當此，願終身爲修士。會中遣之至莫臥兒（Mogor）國，與 Jérôme de Xavier 神甫爲伴。本篤在其地習波斯語，並助理諸神甫數年，精勤過於回教徒，異教徒及新入教之教徒。賢明而有德，人皆欽之。因是爲莫臥兒國王阿黑巴(Akbar)之摯友，阿黑巴遣使至臥亞，命本篤與使偕行，待遇同使臣。(Trigault, Expédition, pp. 957.)

當時印度雖聞回教商人種種異聞，謂有契丹(Cathay)大國，及馬可波羅(Marco Polo)稱譽不止之汗八里(Khambalu)都城。此契丹與支那是否爲一地，此汗八里與北京是否爲一城，尚疑而未決也。利瑪竇神甫在其信札中雖曾是認，然世人尚未敢遽認爲眞。相傳「此國有基督教徒，有教堂，有司鐸，有天主教禮儀。」此國或者論於若干謬誤，必須糾正；傳說若虛，則爲異教民族，而必須使之皈依；傳說若實，是爲入中國最短而最易之道途。總之，勢有調察明白之必要也。(Trigault, Expéd., pp. 907 seq.)

印度總督 don Arias de Saldagna，臥亞大主教 don Alexis de Menezes（註一）會中視察員 Nicolas Pimenta 神甫（註二）因決定探訪亞洲高原路途，尋求陸地通北京之道路。爲此探險事業，遂屬意於鄂本篤：緣其體力，其毅力，其賢明，其堅忍，與其虔篤之信心，皆足辦此；且其熟習印度數種語言也。(Wessels, Early Jesuits, pp. 7 seq.)

（註一）Don Alexis de Menezes，奧斯定會士（Augustin）也，爲臥亞之第七任大主教，一五九五年九月至任所，後調至 Braga。第一任主教爲 François de Mello，其人一五三六年在 Evora 登舟前病歿。第二任爲 don Juan d'Albuquerque，一五三七年就任，一五五六年二月歿。嗣後升主教區爲大主教區，總管印度全境教務。(Gams Series, p. 115.)

（註二）Nicolas Pimenta 神甫生於 Santarem 城，一五六二年入會，時年十六歲。教授文學五年，神學五年，爲 Coimbre 學校監督八年。一五九六年派赴東印度爲視察員，在臥亞及 Malabar 任職垂二十年。一六〇四年三月六日歿於臥亞；一五八六年時曾發四願。(Alegambe, Bibliotheca, p. 633.)

發足 Agra 城之前，Jérôme de Xavier 神甫手書訓示付之，爲旅行便利，而不敢土人猜疑計，乃變服矯裝爲阿美尼亞(Arménie)人，衣短袍，戴小帽，腰插彎刀，負弓矢，留長髮鬚垂至腹，總之，形貌服式皆類阿美尼亞之商人也。(Du Jarric, Histoire, t. III, p. 146.) 取名曰奧都剌愛薛 (Abdullah Isaï)，此言基督師。此種矯裝可以使之通行無阻，若識其爲葡萄牙人，則難於通行矣。彼在印度購買種種商貨，以爲沿途交易之需。

偕行者有希臘司鐸或副司鐸一人，名 Léon Grimanos，商賈一人，名 Démétrius 阿美尼亞籍一人，名依撒克 (Isaac)。算端阿黑巴，其他諸印度國王，總督，大主教，諸道長等皆付以介紹書。本篤於一六〇二年十月二日發足 Agra，十二月八日抵 Lahore。(Brucker, op. cit., p. 13.)是行也，費用由總督付給，阿黑巴並以四百金(écus)爲贐。(Du Jarric, Histoire, t. II, p. 146.)

吾人之旨趣不在詳細敘此無比旅行之一切行程，可別參考 Trigault, Expéd., pp. 919.; Ricci, Opere, pp. 526 seq.; Wessels, Early Jesuits, pp. 13 seq. 茲僅節述其大事而已。

一六〇三年二月六日離 Lahore，歷行全國，路遇盜劫，本篤逃林中獲免，商隊抵莫臥兒國之極邊 Caboul 城。Léon Grimanos 不復能任道路疲勞，遂還。Démétrius 留此城貿易，不願前行。本篤與其友依撒克留此城亙八月，待新商隊之結合，與之同行。

其始也，道路困難較少；第愈前行，危險與疲勞漸增，前途所經者無非險峻之山嶺，寬大之河流，與湍流之氷泉，皆須犯險而渡。如是經行，結幕於撒馬兒罕 (Samarkand) 城附近，道路既危險，復有盜賊之虞。「一日本篤稍停留，忽有四盜出襲，本篤取其波斯帽向諸盜擲去，諸盜驚愕，本篤鞭馬疾馳得脫走，與商隊合，諸盜發矢射之已無及矣。」(Trigault, Expéd., p. 929.)

商隊之前進也，始終與盜賊水災山嶺風雪相爭鬥。行抵喀什噶爾 (Kashgar) 以前，越荒寂無人之帕米爾 (Pamir) 高原，攀登 Tchitchiklik 高山，凡六日，凍死及埋於雪中有數人。本篤救其忠僕依撒克於死地，其後不久依撒克亦以相類之義舉報之。歷盡未聞之辛苦，而抵喀什噶爾國之都城葉爾羌（Yarkand），時在一六〇三年十一月杪前後也。

本篤先經 Lahore 時，和闐 (Khotan) 王母名 Agéhanem 者，奉回教，巡禮默伽 (La Mecque) 還至此城，適金盡，本篤出金貸之，而不取利息。既抵葉爾羌，王母厚賜之，並以玉塊償其借款，是爲攜往中國最寶貴之貨物。

本篤留居此城一年，城中人盡奉回教，本篤有數次幾喪其生。「一日偕回教徒數人行，有彼教之教師某以刃脅其胸，强之誦摩訶末 (Mahomet) 名而爲 Salem 之祈禱，否則殺之。本篤終不爲屈，賴有諸外國商人奪其刃而獲免。犯冒如是險阻不祇一次，終獲天主之佑。」(Du Jarric, Histoire, t. III, p. 154.)

又一次「被召至喀什噶爾國王前，備諸大臣與文人號摩剌 (mullas) 輩之詢問，初詢其信奉何教，信摩西 (Moyse) 教歟? 信大維 (David) 教歟? 抑信摩訶末教歟? 並詢向何方祈禱天主。本篤答言所奉者是耶穌之教（其人名耶穌曰 Isaï）天主無往不在，祈禱時任向何方。諸人聞此言自相爭辯，緣彼等祈禱其僞主時，面向西方也。最後決議吾輩宗教之良或如彼教。」(Trigault, Expéd., p. 937.)

葉爾羌會有新商隊結合，本篤願與同行，遂於一六〇四年十一月半間首途。歷城市甚衆，其名曰：Egriaz, Thalec Horma, Capétalcol, Zilan, Cambaso, Ciacor, Aksou, 迄今尚未能完全考訂其今地。（鈞案第五名疑指齊蘭，第八名應指阿克蘇。）並經行哈剌契丹 (Karakatthay) 沙漠之一部，抵於庫車，旋至 Cialis（疑爲哈剌沙爾所屬之庫爾勒；Brucker, op. cit. p. 35) 抵後一城時，有一商隊適從契丹來，此商隊在一六〇一年時曾至汗八里也。(Wessels, Early, pp. 32 seq.)

本篤聞商隊首領言，汗八里城有一博學教師名利瑪竇者居彼，「曾以自鳴鐘西琴繪像及其他歐羅巴異物進獻皇帝，而朝中貴人咸敬重吾輩。」(Trigault, Expéd., p. 744.) 並出示瑪竇所寫葡萄牙文信札，蓋掃除此神甫居室而得者也。本篤及其同伴喜甚：契丹確爲支那，汗八里確爲北京，無可疑也。

本篤至是離商隊前行，至 Pucian 稍停，遂抵於中亞高原名城土魯番 (Tourphan)。會商隊亦至，留數日，預備糧食，領取護照。此地君主，信奉回教，見奧都剌愛辞名，乃詢本篤曰：應否將此基督教名寫於護照中。「答曰：我既用此愛辞名歷經諸地，決用此名旅行所餘之程途。」(Trigault, Expéd., p. 945.)「有一老回教師聞此言，脫其纏頭巾置於地曰：此人是眞奉教者，蓋彼在一異教君主及衆人前不憚自言其耶穌名，我輩則不然，蓋人謂改地不久卽改教也。語畢向本篤特致敬禮。」(Trigault, Expéd., p. 945. -Du Jarric, Histoire, t. III, p. 157.)

復從土魯番首途，進至 Azamuth，一六〇五年十月十七抵哈密，停留一月，已而下中亞高原，進向中國邊界。

未久入戈壁，不見寸草點水，畏韃靼盜賊，輒夜行。一夜本篤墜馬下昏絕，同伴不知，及抵宿地方悉，其伴依撒克乃回途覓之，夜暗不見，久之聞喚耶穌聲，始救之赴宿處。(Trigault, Expéd., p. 947.)

在道數日渴甚，終抵嘉峪關，中國長城之盡境也。至是本篤不復畏韃靼地域之盜賊，饑餓，寒冷，及旅行中之其他災難，然不意將遭之艱險，惡有百倍於前者之所經，蓋官吏之掊克及刁難，儼同盜賊也。本篤重賂之，始得前行，於一六〇五年終達肅州。在肅州見回教商人，亦言中國都城有歐羅巴司鐸數人在彼，於是作書寄北京致利瑪竇，然其書未達，而至一六〇六年北京尚未得此冒險遠征隊之消息也。

最後在十一月，始得一書，瑪竇遣華籍修士鍾鳴禮 (Jean Fernandez)（鈞案應改作鍾鳴仁，參看第三四鍾鳴禮傳註二）赴肅州，一六〇七年三月杪方至。(註三)時本篤已不復能久與此長期困苦爭，臥一弊床中，阿美尼亞人依撒克忠誠護伺，聞有人作葡萄牙語來慰問，遂醒。「彼見有一教友遠來慰問，心中大慰，視其如同天使，及聞諸神甫在中國都城之佳音及其成績，尤慰。取諸神甫書吻之，舉手向天，誦聖歌，悲泣終夜，持來書不捨。」(Du Jarrie, Histoire, p. 159.)

(註三)參看本書第九利瑪竇傳。

未死前語鳴禮曰：「四年以前曾作告解，茲欲再為告解而未能，自念過去諸年，似無大過，天主仁慈，必能宥我。」(Trigault, Expéd., p. 958.) 一六〇七年四月十一日氣遂絕。(Du Jarrie, Histoire, p. 161.)

本篤死後，其遺物為人攫奪，最可惜者其旅行日記亦為人奪去撕碎。此日記記載旅行中本篤借給同行伴侶等之財物。然鳴禮與依撒克獲得若干殘葉，歸呈利瑪竇神甫。瑪竇之能敘述本篤之行蹟，蓋賴此殘葉與依撒克之報告。此外餘存本篤始終懸於胸前之十字架，其宗教願詞，臥亞大主教與 Jérôme de Xavier 神甫之信札，暨喀什噶爾與 Cialis 等地國王發給之護照三紙。此種遺物概攜歸北京保存以作紀念。(Trigault, Expéd. p. 961. -Brucker, op. cit., pp. 40 seq. -Wessels, Early Jesuits, p. 39.)

至其同行之忠誠伴侶依撒克曾為諸回教商人投諸獄。鳴禮與回教商人訟五月，始將依撒克釋出。及至北京，瑪竇與諸伴侶待之如同兄弟。依撒克欲歸里，乃遣之至澳門，復由澳門會團諸神甫資助其歸國。金尼閣神甫記錄付梓時（一六一五），其人尚存，居於孟買附近之 Chaul 城中。(Trigault, Expéd., p. 961.)

近代之旅行家，曾循鄂本篤行程全部或一部者，對此勇敢的先驅人莫不表示欽敬。(Wessels, Early Jesuits.) 本篤之故鄉 Villa Franca do Campo 地方曾為之建立遺像。(Wessels, fronspice.)

此次旅行之紀錄，首經金尼閣神甫載入其基督教遠被中國記 (Christiana expéditione apud Sinas)，旋經 Bartoli, Kircher, 等節譯其文；今 Purchas Thévenet, 等之行紀彙刻皆見收入。Hue 院長之中國基督教史，想像過於豐富，未足據也。

本篤遺筆現僅留存信札數件：一六〇二年十二月三十日自 Lahore 致印度區長書；旅行開始時致 Pinheiro 神甫書；一六〇三年二月十四日自 Lahore 致 Xavier 神甫書；一六〇四年二月二日自葉爾羌致同一神甫書。茲四書皆見節錄於 Fernandez Guerreiro 神甫書 (Lisboa 1605-1609) 及 Du Jarric 神甫書中。(Sommervogel Bibliothèque, t. III, col. 1529 seq.)

第二十八　游文輝傳中國人(註一)

一五七五年生——一六〇五年入會——一六〇五年入內地——一六一七年十二月二十五日爲在俗輔佐人——一六三〇年歿於杭州(註二)

參考書目　Bartoli, Cina, pp. 506 seq. -Notes MS. -Trigault, Expédition, p 1041.

游文輝 (Emmanuel Pereira) 修士字含樸，澳門人，一六〇五年入耶穌會；先曾與諸神甫相隨，一五九八年與利瑪竇郭居靜二神甫同在南京；一六〇三年重蒞其地，范禮安神甫下命許其爲修士。(Bartoli, Cina, pp. 299, 422, 596.) 其作修士之練習似在北京。利瑪竇臨危時，彼在其側，曾聞瑪竇鼓勵之言曰：「親愛之教侶鼓汝之勇氣，不必悲泣，如天主許我入天堂，我請求之第一事則祈天主施汝以堅忍並許汝歿於會中」(Trigault, Expéd., p. 1041.)

(註一)原缺華姓名，茲從北平圖書館藏鈔本補入。

(註二) Sina 目錄作一六二九年。

文輝曾爲畫師，同時爲講授教義人 (catéchiste)。一六二八年尚存，然在一六三〇年名錄中不復見其名。據 Fariay Souza 說彼在是年歿於杭州。

第二十九　雷安東傳中國人（註一）

一五八〇年生——一六〇五年入會（註二）——一六〇五年入內地——一六一一年六月十日歿於海中

參考書目　Bartoli, Cina, p. 572. -Cardoso, Agiologio, t. III, p. 629. -Du Jarric, Histoire, pp. 1062 seq.

雷安東（Antoine Leitao）修士，亦澳門人，在北京入耶穌會。年十五歲即入內地，而爲講授教義人。常偕龐迪我神甫赴近畿各地傳教。專任啟迪男子，雖事業繁重，然堪自慰也。體弱多病，甘受勞苦而不辭。其爲人持己嚴而對人謙恭。嗣後爲費奇規神甫之伴侶，遣至韶州休養，已而自韶州赴澳門，未至，歿於舟中。其遺體葬廣州。(Bartoli, Cina, p. 574. -Du Jarric, Histoire, p. 1062.)

（註一）鈞案此人華姓名未見著錄，雷安東乃新譯名。

（註二）據一六〇四年一月二十二日名錄，是年安東年二十二歲，然則其生年爲一五八二年，入會年爲一六〇三年矣。Tacchi Venturi, t. I, p. 449, no. 3.

第三十　熊三拔傳意大利人

一五七五年生——一五九七年入會——一六〇六年入華——一六一七年發願——一六二〇年五月三日歿於澳門

參考書目　Alegambe, Bibliotheca, p. 781. -Bartoli, Cina, pp. 507, 545. -Couplet, Catal., p. 19. -Kircher, China, p. 109. -Ricci, Opere, t. II, Appendice no 24. -Semedo, Histoire, pp. 314, seq.

熊三拔 (Sabbathin de Ursis) 神甫字有綱，生於拿波利 (Naples) 國之 Lecce 城，名族之裔也。初入羅馬學校肄習年尚幼卽有志爲同類救贖而爲犧牲。(Alegambe, Bibliotheca) 一六〇八年(註一)請赴遠方傳教獲准時，肄習神學尚未完畢也。晉司鐸後，一六〇六年派往北京乘郭居靜神甫還南京教區之便與之同行留居北京迄於一六一七年押解出境之時。

(註一)鈞案一六〇八年應爲一六〇三或一六〇五年之筆誤。

利瑪竇神甫使之精研中國語言，見其溫和謙恭過人，兼守苦行病危時命之爲駐在所之道長，不以其新至爲嫌也。(Bartoli, Cina, p. 507.)

一六一一年變更曆法之議起，欽天監官自認推算差謬請命外國學者若利瑪竇之伴侶等參訂修改，由是朝命龐迪我與三拔修曆，三拔因撰書成帙。三拔又與徐光啟共譯拉丁文之行星說爲漢文，並就前在歐洲印度及在中國所測日蝕之比較結果，測量北京經度。迪我亦從事於測量自廣州達北京諸重要城市之緯度(Bartoli, Cina, pp. 544 seq.)

官吏嫉之，致使其計劃未成。三拔乃改而研究水法，製造取水蓄水諸器，皇帝與廷臣皆賞其器之新奇。往觀者不免經過教堂，贊美繪像。禮部尚書某因名教堂曰天主堂，自是以後遂爲羅馬公教教堂之通稱。(Bartoli, Cina, p. 546.)

三拔既博萬曆帝之歡心，因取得傳教師傳教中國之許可。然爲時不久南京仇教之事起，三拔迪我被謫而赴澳門。三拔等行後，徐光啟命一忠實教徒看守教堂與利瑪竇神甫之墳墓，緣其爲欽賜之物，他人不得强奪，故得保存，迄於一六二二年諸神甫之召還。(Bartoli, Cina, p. 668.)

三拔雖多病，常發熱，然猶於特別工作之外，爲幼年教士授哲學，爲兒童授華語，而以中國語言與書籍之秘密傳授未來傳教師，因是積勞而歿。(Bartoli, Cina, p. 720.)

其遺作列下：

（一）泰西水法六卷，一六一二年北京刻本，前五卷言水法，第六卷爲諸器之圖式。一六四〇年徐光啟奉敕撰農政全書六十卷，曾將此本採入。後有陳之龍重刻本四十六卷，版最劣，不爲世所重。一七四二年乾隆時奉敕撰農書七十八卷，題曰授時通考，一八四三年有重刻本。(Cf. Wylie, Notes, p. 70.)

（二）簡平儀說一卷，一六一一年北京刻本，前有徐光啟序。一八四四年錢熙祚輯指海，曾將是本收入。(Cf. Wylie, Notes, p. 27.)

（三）表度說一卷。

右三書收入四庫全書及天學初函。阮元（一七六四至一八四九）輯皇清經解疇人傳曾有著錄。

（四）Commentariolum de Sinensium festorum erroribus 載入一六一一年中國逐年信札中。此文殆爲改修曆法時所撰巨帙之節錄。(Sommervogel, Bibliothèque, t. VIII, col. 351.)

（五）Bartoli 神甫謂三拔曾與徐光啟李之藻共譯關於行星說之書籍數種。

（六）龍華民神甫引有三拔撰關於中國人對於天主天使靈魂等說之見解，寫以拉丁文。(Adnotationes super rebus memorabilibus a P. Nicolao Longobardi pro dirigenda re christiana· ad P. Visitatorem Franciscum Vieiram anno 1617 conscriptae. Manuscrit. Cf. Sommervogel, Biblioth., t. IV, col. 1933; VIII, 351.) 或者即是 Copiosus tractatus, latine conscriptus Macai anno 1618, de cognitione veri Dei apud litteratos.

（七）與（八）畢嘉(Gabiani)神甫(Dubia quaedam ad PP. Pekinenses potissimum spectantia; M. S. Cf. Sommervogel, Biblioth., t. III, col. 1077; VIII, col. 351) 引有三拔撰述二編，並手鈔本，一名 Sembranzas do principio（一六一〇至一六一五年北京傳教會），一名上帝說，寫以漢文，題年一六一四，撰於北京。三拔以爲上帝之稱不足代表眞主，立說與龍華民同。三拔爲此曾致一拉丁文記錄於視察員 Vieira 神甫。（參看柏應理神甫一六八〇或一六八一年之紀錄，此錄曾經 Pieper 在下一論文中研究：Neue Aufschlusse über die ersten Anfänge des Chinesischen Riterstreites. In Zeitschrift für Missionswissenschaft Munter, 1914, pp. 7, 9.)

（九）Annotationes super tractatu P. Joannis Rodriguez（Sommervogel, l. c.)

（十）一六〇六年二月一日信札，述范禮安神甫病歿事，見 Bartoli, Giappone, p. 569.

（十一）一六一〇年五月二十日在北京致耶穌會諸神甫信札，述利瑪竇神甫之事業，病歿及殯葬事，見 Ricci, Opere, t. II, appendice no 24, pp. 483 seq.

（十二）一六一一年四月二十日自北京致 Antoine Mascarenhas 神甫書，所述同前，此函業經 Cordeiro（67 pp. in-8 Roma, 1910）神甫刊行。

第三十一 陽瑪諾傳 葡萄牙人(註一)

一五七四年——一五九二年入會——一六一〇年入華——一六一六年九月十八日發願——一六五九年三月一日歿於杭州

參考書目 Alegambe, Bibliotheca, p. 189. -Bartoli, Cina, p. 1113. -Cordara, Historia, t. I, pp. 70, 216; t. II, p. 159. -Couplet, Catal., p. 20. -Dunyn-Szpot, ad annum 1659. -Gabiani, Incrementa, 1. t, chap. 7. -Relation de 1621, in Histoire de ce qui s'est passé, P. 58. -Semedo, Histoire, p. 358.

陽瑪諾(Emmanuel Diaz junior)神甫字演西，出生於葡萄牙之Castelblanco，於一六〇一年至臥亞完成其學業。已而赴澳門，教授神學六年。一六一一年與費奇規神甫共至韶州，傳教頗有成績，當地士人僧人嫉之，被逐退居南雄，不久一種熱心信教之新教所因以建立焉。

(註一)陽瑪諾與李瑪諾原名同，故增老(senior)與幼(junior)二字以別之。

一六一四及一六一五年時，中國日本區長Valentin Carvalho命瑪諾巡視當時業已存在之諸傳教所，宣布不久撤消之戒條，以算術或其他科學教授華人，惟福音不與焉。一六一六年南京仇教之事起，謫居澳門。一六二一年被派至北京，初居徐光啟之郊外別墅，嗣居進士Nazaire(註二)宅，每八日赴都城一次，為新入教之教徒舉行聖禮，並舉行彌撒。(Relation de 1621, p. 60.)

(註二)鈞案此人姓名未詳，與第十七龍華民傳之Nazaire同為一人。

朝臣之奉教者，謀召諸神甫還北京，乃舉西士製造槍砲，部議許可，瑪諾與龍華民神甫同被選。二人既至，向兵部明白陳明，關於戰爭火器諸事非彼等之所知，而彼等職在教世人謀救贖，質言之，認識並崇奉天主也。彼等雖有此言，未被遣回，蓋當時方待澳門遣葡萄牙兵攜帶槍砲來京効力，由是許彼等自由傳教。兵部欲彼等居官舍，諸神甫謝之，辭以無功，不足當此，其實不願受覊絆也。在教之人勸彼等回居舊所，由是重返故居，蓋舊日教堂爲一教徒購買，至是以贈諸神甫，重建新堂之費，遂省。孫元化適在朝中，擔任爲之修理。(Semedo, Histoire, pp. 351 seq.)

由是傳佈宗教接待朝官如故。全國諸傳教所漸得安處。(Semedo, Histoire, p. 351.)

一六二三年羅如望神甫卒，瑪諾被命爲中國副區長，自是以後中國教區與日本教區分離，各有區長，直屬會長。瑪諾溫厚和藹，知人善事，人皆愛戴，如是爲副區長或視察員者十八年，爲駐所道長者十年。益以其精諳神學，熟習語言文字，由其論道之說與其刊行之著述，雖教外人亦甚重視之。(Gabiani, Incrementa, t. I, chap, 7. -Dunyn-Szpot, ad ann. 1659.)

一六二六年時，瑪諾與黎寧石神甫同在南京；一六二七年被逐，避居松江。官吏欲投之獄，遂走上海，居徐光啟宅。顧上海亦屬松江轄境，彼等不自安，欲回松江，辯誣，光啟阻之，勸其赴杭州楊廷筠宅暫避，瑪諾等從之，不久事平。(Cordara, Historia, t. II, p. 159.)

廷筠出資在杭州建一美麗教堂，並設一修院；已而發展寧波教務，一六三七年瑪諾重返寧波。

一六三四年吾人知其在江西之南昌；一六三八年在福建之福州，從前經艾儒略神甫開教之所逐漸發達，至是爲諸省最。不意禍亂又起，新入境之傳教師被攻揭，遂被謫居澳門。(Bartoli, Cina, pp. 1112 seq.)

瑪諾在福州時，曾收容被逐之傳教師凡七日，中有一人患病勢不能留，乃爲之舉行臨終授餐禮 (viatique)，命親信教徒一人護送彼等赴澳門。諸人甫行，新被逐者又至，亦厚待之。(Bartoli, Cina, pp. 1113.) 最後瑪諾本人亦被迫而離福州。其後重還福建，蓋據一六四八年名錄，瑪諾時在延平府傳佈宗教編撰書籍。最後重被任爲視察員，以一六五九年三月一日歿於杭州，葬大方井。

其遺作列下：

（一）聖經直解，一六三六年北京刻本十四卷；一六四二年一七九〇年北京刻本八卷；一八六六年土山灣重刻本八卷；一九一五年刻本二卷（一九一七年十五號書目）十九世紀初年寧波亦有刻本。別有官話節譯本，題曰聖經淺解。(Cf. Wylie, Notes, p. 140.)

（二）天主聖教十誡直詮二卷，一六四二年，一六五九年，一七三八年，一七九八年北京刻本，後一刻本經主教湯亞立山 (A. de Gouvea) 核准刊行。一九一五年土山灣有重刻本。（一九一七年書目二五六號。）

（三）代疑編一卷，一六二二年北京刻本。Cf. Courant Catal., nos 7093-7099.-Fourmont, Catal., nos CCXLVII & CCXLVIII. （以下爲補註。）是編似全出楊廷筠手筆，吾人所見舊鈔本，未題陽瑪諾名。廷筠並撰有代疑續編，曾經華籍遣使會士 (lazariste) 康神甫轉爲官話，題曰代疑俗解，一九一六年刻於北京。（北堂一九三四年書目二〇〇號。Van den Brandt 書目四三四號。）本傳第十五號書，又第九十衞匡國傳第四號書，書皆同一撰述而別見者也。

（四）景教碑詮一卷，一六四四年杭州刻本，一八七八年土山灣重刻本，（一九一七年書目一〇八號，）是編後附一六三八年泉州發現之十字架三具摹本。

（五）聖若瑟行實一卷，一六七四年刻本。

（六）聖若瑟禱文。（以下是補註。）一九〇九年後在周主日禱文中改用羅馬新審訂文，瑪諾譯文不復再用。

（七）天神禱文，此禱文與前一禱文土山灣有合刻本，題曰周主日禱文。（一九一七年書目四四七號。）

（八）輕世金書，Imitatione Christi 之譯文也，似僅將原書第一及第三卷全譯，文仿謨誥。一六四〇年北京初刻本二卷不全；一七五七年一八〇〇年一八一五年北京刻本四卷；一八四八年上海刻本四卷；一八五六年一九一〇年一九二三年土山灣刻本四卷。（一九一七年書目附目三九五號。）一七五七年本有李若翰序，稱是編由蔣彌格爾續成，趙類思爲之註。案蔣彌格爾疑指蔣友仁（Michel Benoit），趙類思疑指趙聖修（Louis des Roberts）二神甫。北京主教田類思（Delaplace）有別譯本三卷，題曰遵主聖範。又有譯本四卷，微有訛誤，闕譯人名，一九一三年土山灣刻本，（一九一七年書目三九六號；）一九〇三年有香港刻本一卷，（Nazareth 書館一九二四年三九〇號書目。）鈞案獻縣張家莊有刻本四卷，題曰師主編，李友蘭譯，用白話體，序題光緒三十一年，闕譯人名本殆指遵主聖範新編。尚有譯本題曰神慰奇編，今未見。此外註譯輕世金書者，有道光二十八年（一八四八）順德呂若翰之輕世金書便覽，仿日講書經解義體爲之註解。又有王保祿之輕世金書直解，王序稱輕世金書與現行西文本繁簡迥殊云。

（九）默想書考。

（十）避罪指南一卷。

（十一）天問略一卷，一六一五年北京刻本，四庫全書著錄，天學初函、藝海珠塵並收入。疇人傳亦曾徵引及之。(Cf. Wylie, Notes, p. 87.)

（十二）與（十三）H. Cordier (L'Imprimerie, pp. 22, 23.) 著錄有二書，現藏巴黎國民圖書館：一名天學舉要，一卷，鈔本中國書新藏三二二一號、三二二二號；一名袖珍日課，中國新藏三〇九三號。

（十四）Sommervogel (Bibliothèque, t. III, col. 45) 神甫謂在巴黎 Sainte-Geneviève 學校藏有一小八開本，據 Broullion 神甫跋，內容是受難記及若干禱文。（似即第十三號著錄之袖珍日課節本）

（十五）Sommervogel 神甫（出處同前）尙引有代疑論，未著明出處。（鈞案此書應是代疑編之誤，引參看本傳第三號書。）

第三十二　金尼閣傳法蘭西人

一五七七年三月三日生——一五九四年十一月九日入會——一六一〇年至華——一六一五年一月一日發願——一六二八年十一月十四日歿於杭州

參考書目 Alegambe, Bibliotheca, p. 636. -Bartoli, Cina, p. 904. -Couplet, Catal., p. 21. -Cordara, Historia, t. I, p. 216; t. II, p. 238. -Huc, Christianisme, t. II, chap. V. -Patrignani, Ménol., 10 nov. -Relation de 1621, p. 113. -Sacchini, Historia, pp. 216, 556. 吾人所採資料幾盡出 abbé Dehaisnes 院長所撰金尼閣傳 (in-12, Tournai, 1864), 緣其徵引甚博也。

金尼閣 (Nicolas Trigault) 神甫字四表，出生於 Douai 城，曾在此城耶穌會士主持之學校修業。一五九四年得藝文碩士。數星期後請入耶穌會，而於十一月九日(註一)在法比教區之 Tournai 城修院開始受業。見習後被派至 Lille 城習修辭學及哲學。嗣後在 Gand 城教授修辭學兩年；彼在當時業已從事研究有裨於傳教師之語言及地理、天文、數學、醫學等學。如是任教習者八年。

(註一)據 Dehaisnes 書十四頁，又二一八頁亦作十一月二十二日。

研究神學後，獲得會長之許可，於一六〇七年登舟赴印度，十月九日抵臥亞。當時「舟中多病人，吾人不僅爲看護人且爲醫師，蓋舟中醫師祇知理髮，餘皆未悉也。……每日我以教義授 Caffres 黑人，每二日以教義授葡萄牙人。此輩黑人之語言頗類佛刺明 (Flament) 語，而較德意志語柔和，韻母較多，氣音 (aspiration) 較少，我雖略知一二，然授教義時勢須傳譯也。此輩黑人約有八十人，隸奴籍，教授久之，皆知畫十字，誦 Pater, Ave 等禱詞。」

最大之工作，乃在接受齋節之告解，蓋舟中人自海軍將官以下，皆願向尼閣爲之。有時尚有餘暇觀察事物。舟行 Saint-Laurent (Madagascar) 島與 Mozambique 沿岸間，「吾人見有種種魚類甚衆，最奇者中有近類鰊魚 (harans) 之小魚，人名之曰飛魚 (volans)，有軟骨翅，與蝙蝠同，飛行海面，捕他魚爲食。第出水飛行時，空中常有鳥伺其後也。」(Dehaisnes, op. cit., pp. 28 seq.)

抵臥亞，所譯 Gaspar Barzée 傳脫稿，在城與近郊傳教兩年餘，一六一〇年中，被召至澳門。一六一一年初被派至南京，在王豐肅（高一志）郭居靜二神甫指導下學習華語，未久，龍華民神甫命偕居靜同至杭州，蓋李之藻新喪父，召居靜等赴杭也。彼等留居未久即行。

尼閣赴北京，以會務報告會督，復還韶州，已而重至南京，肄習語言。尼閣於所經諸城，抽暇測量其經緯。華民見其能，命之赴羅馬謁教皇及會中諸道長，陳明必須增加新教區事。

一六一二年尼閣自南京赴澳門，一六一三年初登舟抵柯枝 (Cochin)，遵陸赴臥亞 (Goa)，乘阿刺壁 (Arabe) 船赴忽魯謨斯 (Ormuz)，其地距地中海尚有五六百哩 (Lienes)；必須經行荒原及仇視基督教的蠻人所居之地：或爲阿刺壁之遊牧部落，或爲波斯突厥無紀律之軍隊，並應渡大河，經沙磧，犯冒熱風猛獸；乃尼閣體弱，囊中旣無行資，而且孤身一人也。

但彼不因之畏阻，既經羅耳 (Louristan) 曲兒忒 (Kurdistan)(註二) 兩部之地，抵弼斯囉 (Bassorah) 與一商隊合，歷遊古巴比侖之 (Birs-Memrod)，諸哈里發 (Khalifes) 之都城報達 (Bagdad)，而抵毛夕里 (Mossoul)。復經行流沙亙四十日，抵 Alep 港，當時此港有意大利英吉利法蘭西佛剌明 (Flamands) 諸國人甚衆。

(註二)鈞案曲兒忒 (Kurdistan) 部非此行所歷之地，殆爲 Khuzistan 之誤。

尼閣賴鄉人之助，得在 Alexandrette 港登舟赴 Chypres 島，復歷 Rhodes, Crète, Zante 等島而抵 Otrante；一六一四年終抵羅馬，距離南京時二年餘矣。(Dehaisnes, op. cit., pp. 108 seq.)

尼閣立時進行其所任之要務，獲得教皇保祿五世 (Paul V) 前此從未頒布之教翰 (bref)，許在彌撒之舉行與聖務日課之祈禱中用華語；設置本地神職班；教皇據其請求，許譯聖經，並於舉行彌撒時不必脫帽，(一六一五年三月二十日禮儀部令，)而以重量藏書頒給新傳教會。此外教皇命尼閣以教皇之祝福與新近頒布之大赦轉達中國耶穌會長 Aquaviva 同時將中國傳教會與日本教區分離，並遣派優秀之耶穌會士多人前往助理。

尼閣至是刊行其基督教遠被中國記，題獻教皇，是爲歐洲人敍述中國比較完備無訛之第一部書，當時頗具聲譽也。(Dehaisnes, op. cit., pp. 120 seq.)是爲利瑪竇神甫之意大利文紀錄，經尼閣轉爲拉丁文，而增入兩章，敍述瑪竇之病故及殯葬事者。(Tacchi, Venturi, Opere, t. I, Proleg., p. XXXIV.)

諸務既畢，參加選舉 Vitelleschi 神甫爲會長之大會後，尼閣決遊歐洲各國，歷說諸基督教之國王與民族，俾其關心新闢教區之教務。Cosme de Médicis 以無比之自鳴鐘一具贈之，鐘上雕一人首羊身之怪物 (satyre) 持弓發矢，每時發一矢以報時。法國王后 Marie de Médicis 贈以 Flandre 地方之貴重毛氈。尼閣居其故鄉 Douai 與家人團聚數星期，（一六一七年二月及三月）(註三)已而至 Lille，至 Bruxelles，謁公主 Infante Isabelle d'Espagne，歷訪 Trèves 與 Cologne 兩城大主教，繼至 Munich 與 Augsbourg 二城，Bavière 國諸公爵以所藏最貴重之繪畫與異物贈之，並許每年饋以 Florin 五百。一六一七年終至 Lyon；一六一八年二月重返里斯本，與傳教師二十二人會，此皆尼閣率往中國者也：先是尼閣得國王 Philippe III 之許可，遣西班牙耶穌會士東行，並供給必需之經費以為建設十五駐所之用，同行者有鄧玉函 (Terrenz) 羅雅谷 (Rho) 湯若望 (Adam Schall) 諸神甫。(Dehaisnes, op. cit., pp. 126 seq.)

(註三)在 Douai 時有人為尼閣繪像，尼閣衣華服。

一六一八年四月，諸人在里斯本附 Il Buono Gesu 舟出發，迄於熱帶，旅行平安愉快。每日舉行日課，並安慰病人。星期一及星期四日 Quentin Cousin 神甫理功過；星期二及星期五鄧玉函神甫教授數學；星期三及星期六尼閣教授華語。日日研究天文。然至六月初間經行非洲沿岸時，舟中人患熱疾，傳染甚速，尼閣鄉人 Cousin 神甫先死，德籍 Jean Albéric 神甫繼之，其戚 Hubert St-Laurent 神甫又繼之，（一六一八年六月八日）Jean de Sesles 神甫及意籍 Paul Cavallina 神甫(註四)皆相繼病歿，其他諸人幾盡可危。

(註四) Hubert de St-Laurent 神甫係以一五八八年三月十日生於 Douai，一六〇三年文藝碩士，一六〇五年博士，一六〇六年入耶穌會。Cousin 神甫係以一五八二年七月二十六日生於 Tournai。Jean de Sesles 或 Decelles 神甫係以一五七八年七月二十日生於 Huy。(Précis historiques, 1880, p. 196.)

Cavallina 神甫染病時，曾告尼閣，言不久必死，在抵臥亞前，彼將爲最後病故之人。染病之第六日，果口誦 Jesu dulcis memoria 之章而終。病者相繼死，尼閣痛甚，因亦得疾，發熱五十餘次，幾瀕於危。

七月二十五日過好望角，十月四日抵臥亞。至是又遭新喪，尼閣兄 Elie Trigault 亦患病數日死。其人撰有行記，尚未完成，末一字且筆寫未全，印刷人跋其後曰：「此記未全，蓋因 Elie 教友死而輟筆。」其人生於一五七五年，一五九六年入 Tournai 修院，其名亦作 Philippe Trigault。同伴中有六人身體尚弱，學業亦未完畢，乃留印度，尼閣僅攜餘伴四人於一六一九年五月二十日登舟，一六二〇年七月二日抵澳門。(Dehaisnes, op. cit., pp. 142 seq.)

諸傳教所見尼閣至，攜來諸基督教君主之贈品，教皇所賜之書籍，樞機員 Bellarmin 致徐光啓之書札，宗座頒賜之祝福與大赦，皆大歡欣。光啓答樞機員書信，心激烈，思想高超。(註五)一六二一年初，尼閣偕曾德昭神甫赴南昌，留數月，旋巡歷建昌、韶州諸傳教所；顧在此數省中，仇教之事尚未平息，非安居地，乃於一六二二年避居杭州。

(註五)樞機員 Bellarmin 之致書與徐光啓之答書並載一六二一年 Lettres annuelles 中，一六二五年巴黎刻本二三九頁以後。

一六二三年尼閣入河南，居開封，省會傳教三四月，其地學者文人對其所言科學與地理皆欽佩，惟對於宗教問題則不願聞其言。尼閣乃用他法，以其餘資施濟貧民，並爲窮不能致醫者治病。已而自得疾，乃以此新教所委付

費樂德 (de Figueiredo) 神甫管理，而在一六二四年赴山西。

抵山西後勸化宗室之曾服官者二人入教，其一人有族衆千餘人，而彼爲族長，別一人爲城中之第一長官；因此二人之入教，其他具有名望者數人亦從而皈依。絳州傳教所既漸發達，乃委付於高一志神甫而赴陝西之西安。是亦待闢之新傳教所，尼閣乃於其地購一大宅，開始設立教堂。進士王徵（Philippe Wang）秀才張某 (Paul Tchang) 信教甚篤，曾贊助甚力。一六二五年尼閣以教務委之曾德昭湯若望二神甫。

尼閣雖熱烈勸人入教，開闢此類新傳教所，諸道長決定召之赴杭州，俾其有暇編撰書籍。華人曾言詞理文筆之優，歐羅巴諸司鐸中殆無能及之者。其遠非常人所能及之記憶力，其好學不倦，雖疾病而不輟，其時常從事之譯業，或譯拉丁文爲漢文，或譯漢文爲拉丁文，使之諳練語言文字，故言談寫作均佳，無論文言或俚語也。

彼之能大有功於宗教者，不僅編撰書籍而已，且將書籍印行。曾在絳州西安設立廣大印書工廠，每年所印漢文書籍甚多，拉丁文書籍亦有數種。益以其爲會計員，往來江南江西廣東三省，爲傳教師往來山西陝西河南三省，或傳布教義，或與士夫辯論教旨，有時因之疲勞病臥數月。其最後六年間之勤奮，蓋非言語筆墨所能形容者也。(Dehaisnes, op. cit., pp. 167 seq.)

一六二八年尼閣曾爲四箇月之旅行，引導視察員 Palmeiro 神甫入中國，並偕之至嘉定參加會議。尼閣在會議中曾辯護利瑪竇神甫採用禮儀之是，而駁龍華民神甫立說之非。其後未久，患熱疾甚劇，而還杭州。一六二八年十一月十四日似有所感，乃作告解，一如臨危者然，升祭壇跪伏謝聖寵，以手托面，人見其屆時未出，往呼之無聲息，近視尼閣靈魂已歸天主矣。(註六)杭州傳教所視其爲開教人之一：當其生也，容其避難，及其死也，葬其遺骸，與同教數人葬於方井。(Dehaisnes, op. cit., pp. 210 seq. -Tacchi Venturi, Opere, Prolegomena, p. XXXIV, note.)

（註六）一九二五年聖教雜誌載道學家傳謂金尼閣神甫歿於一六二九年。（崇禎二年己巳。）又據 Heckmann c. m. 神甫（一八九三年歿於杭州）之 Notes，（手鈔本未著出處，）亦作一六二九年。日本學者稻葉君山之清朝全史（一九一五年本第一冊一七九頁）作一六二八年二月十四日，誤。

尼閣遺作列下：

（一）推曆年瞻禮法一卷，一六二五年西安刻本。

（二）西儒耳目資三卷，一六二六年杭州刻本。（鈞案近年北京大學有影印本。）

（三）況義一卷，一六二五年西安刻本，Esope 物語之選譯本也。一八四年香港英國人增訂而重刻之，題曰意拾喩言。

（四）De Christiana Expeditione apud Sinas suscepta a Soc. Jesu ex P. M. Ricci commentariis libri v, in-4, Augustae Vindelicorum, apud Mangium, 1605. 是編刊有數板，並經譯爲法德意西班牙國文字。(Cf. Sommervogel) 尼閣姪彌格（本書第七十傳）曾謂：「全歐皆贊美傾服。」此書之佳不在其敍異聞而已，後來數百年間之撰述引證其文，今讀之尙覺其簇新而頗富興趣。其內容不僅爲近代基督教輸入中國之最完備的敍述，而記滿洲入關以前明末事者，祇此一編也。（參看本書第九利瑪竇傳第二十三號書。—— Tacchi Venturi, Opere, Prolegomena p. XXXIV.)

（五）金尼閣神甫信札鈔本，此信札係在一六〇七年耶穌誕生節前自臥亞致荷蘭教區區長 François Fleuron 神甫，言中國印度及附近諸地公教發達事者。(in-12, Anvers, Verbiet, 1609.) 並見 Dehaisnes 書。

（六）Vita Gasparis Barzae, Belgae, e Soc. Jes., in-8, Antverpiae, Trognesy, 1610。案 Gaspard Barzée 神甫乃荷蘭 Zélande 州耶穌會士，尼閣將其拉丁文傳記轉為法文，(In-8, Douai, Wardavoir, 1615.)

（七）Litterae, Soc. Jes. e regno Sinarum 1610 & 1611, in-8, Augsbourg, 1615。此信札乃致會長 Aquaviva 者，一在一六一一年十一月作於韶州，一在一六一二年八月作於南京，言諸新教區傳教師之生活，及十七世紀初年中國風俗，頗多異聞。

（八）Rei Christianae apud Japonios Commentarius, ex litteris annuis Soc. annorum 1609–1612 inclusive collectus, in-8, Augsbourg, 1615.

（九）一六一八年十二月二十九日發自臥亞之信札，言歐洲赴印度之航程及中國日本之教務：拉丁文本 in-8, Cologne, 1620；法文本見 Histoire du massacre de plusieurs religieux (pp. 58–69.) in-8, Valenciennes, 1620.

（十）De Christianis apud Japonios triumphis, sive de gravissima persecutione exorta anno 1612 usque ad an. 1620 libri v, in-4, Munich, 1623. 是編言十七世紀初年日本教務狀況。尼閣因 Bavière 國諸公爵曾有恩於己，並資助新教區，特於卷首題公爵名以獻，題於一六一八年，時在里斯本。

（十一）Rerum memorabilium in regno Sinae gestarum litterae annuae Soc. Jes. an. 1620, in-8, Anvers, Verdussen, 1623. 是皆一六二一年八月二十一日作於南京致會長 Vitelleschi 者：首述中國政治狀況，次述韃靼戰爭，而傳教師在各傳教所之事業，亦得於此類信札中見其崖略焉。

（十二）Litterae ex regno Sinarum anni 1621. 一六二二年八月十五日作於杭州，下一彙刻中載之：De novis christianae religionis progressibus in Japonica 1622, in regno Sinarum 1621, 1622. (in-4, Munster 1627.) 一六二三年之 Annuae 乃出曾德昭神甫手。法文本題 Histoire de ce qui s'est passé aux royaumes du Japon et de la Chine, in-8, Paris, Cramoisy, 1627.

（十三）未刊信札有：一六一五年三月七日，一六一六年六月四日，一六一七年一月二日自羅馬上 Toscane 大公書；一六一八年十二月二十七日自臥亞上 Cosme II de Médicis 書；一六二四年十月二十日自絳州上 Bavière 諸王書；一六二七年九月十三日自杭州上 Florent de Montmorency 神甫書：敘述中國狀況，本人事業，及其自中國赴歐洲之行程，並見 Dehaisnes 書著錄。

（十四）Annales Regni Sinensis, 4 tom. in-fol. 尼閣自云曾讀遍一百二十卷之中國史書。一六二四年曾將自起源迄紀元前五六〇年史事筆之於篇。一六二六年寫至紀元時，一六二七年寫至紀元後二百年。凡四册，第一册二開本卷帙之巨與 Baronius 之編年書同，已刊行；餘三册應在其後未久付梓。據尼閣云「將來有會計員先赴印度者，將攜帶我之一切撰述以行。」第一册在一六二八年攜至歐洲，餘三册不知所在。沉於海歟？毀於何種兵燹歟？深藏於某圖書館而未經人發現歟？皆未可知也。

（十五） Pentabiblion Sinense, 1 vol., 1626. 中國五經之譯註本也。利瑪竇前有四書譯註本（註七），尼閣又取五經譯為拉丁文，附以註解。吾人不知此譯本之歸宿，且不知其是否已寄達歐洲。副區長又曾以校刊四書譯註之任委之。

（註七）參看本書第九利瑪竇傳二十四號書。

（十六）尼閣似曾續撰或改訂其基督教遠被中國記。（本傳第四號書）「第一卷應為一册，餘卷擬將利瑪竇神甫卒後之事增入」然因尼閣之死而中輟。

（十七）別有題作 De regno Chinae (in-8, Amsterdam, Elzevier, 1633) & : Regni Sinensis descriptio (Lyon 1632) 者，蓋為基督教遠被中國記之節本 (Sommervogel, Biblioth., t. VIII, col. 239.)

（十八）上呈教皇 Paul V 之記錄，涉及禮拜儀式中用華語及本地神職班事，鈔本。

（十九）Memorial al Rey nuestro Senor 涉及傳教事，鈔本凡九葉。

（二十）宗徒禱文，徐宗澤神甫明末清初灌輸西學之偉人（土山灣一九一七年書目附目八〇六號）二十三頁引之，所本出處是稻葉君山清朝全史，但燾譯本第一册一七六頁。Cordier (L'Imprimerie, 1901, no 308.)

書錄亦作金尼閣撰，然據伯希和說（遠東法國學校刊一九〇五年刊一一五頁）巴黎國民圖書館藏漢文書籍新藏三三四五號原題金彌格撰。（參看 Bouglas 書目一〇五頁。）然則原撰人應爲金彌格，而非金尼閣，且據本目第七十金彌格傳，彌格亦撰有宗徒禱文也。

第三十三　邱良厚傳中國人

一五八四年生——一六一〇年入會——一六一〇年入內地——一六二四年十二月二日爲在俗輔佐人——一六四〇年七月二十六日歿於北京

參考書目 Bartoli, Cina, pp. 1100, 1143. -Patrignani, Memol, 26 aout. -Semedo, Histoire, p. 327. -Relation de 1622, in Histoiri de ce qui s'est passé, p. 205. -Inscript. tumulaire.

邱良厚（Pascal Mendez）修士字永修，澳門人，幼入教，緣其父母皆爲基督教徒也。在傳教會爲講授教義入十年，而後爲輔佐教師。Bartoli 書一一四三頁云：「其人之足重，或因其具有一完備教士之一切德行，抑因其傳教不倦之熱忱，皆未能決也」偕羅如望神甫（註一）居南昌建昌數年；一六一六年南京仇教之事起，如望留良厚在南雄安慰教衆。（Semedo, p. 327.）

（註一）參看本書第十八羅如望傳。

良厚居留北京之時較長一六二一年時與畢方濟（F. Sambiasi）神甫同在北京，因其爲華人，對衆傳教事常由彼任之。是年時局雖亂，尙得入教者三十一人其中有若干高年若干文士及官吏一人。有貧寒青年因惡行而傾家，得疾臥於道良厚憫之告以此世無可冀天主所賜之天堂尙可入其人感動乃受洗未幾病終。（Relation de

1622, in Histoire de ce qui s'est passé.)

其後良厚爲龍華民神甫之勤勞伴侶。當時北京受洗之人固無多，然在良厚在生最後二十年間，勸人信奉本教精勤不息，人皆受其感化。玆舉一例以證，前經龍華民神甫（註二）授洗之太監龐天壽，而教名亞基樓 (Achillée) 者，不但忠於教，而且忠於其出亡之君主，未始非良厚感化之功也。

（註二）鈞案原作湯若望，玆從伯希和說改作龍華民，參看一九三四年刊通報九六頁以後。

良厚語言流利，文人學士皆樂聞其說，閣老葉向高尤喜與之言。

一六四〇年七月二十六日歿於北京，人皆惜之。下葬時士夫至者甚衆。(Bartoli, Cina, p. 1144.)

第三十四　鍾鳴禮傳中國人

一五八一年生——一六一〇年入會——一六一〇年入內地——一六二〇年後歿

參考書目 Bartoli, Cina, p. 653. -Cordara, Historia, t. I, p. 129. -Litt. ann. 1618, p. 212. -Semedo, Histoire, pp. 316 seq.

鍾鳴禮（Jean Fernandez）修士字若翰，鍾鳴仁（Sébastien Fernandez）（註一）之弟，亦廣東新會縣人。與父念山兄鳴仁同在澳門入教，服役於諸神甫所，朝夕不離。鳴仁偕利瑪竇龐迪我二神甫赴北京時，鳴禮留居江西南昌，一六〇四年從王豐肅（高一志）神甫於南京。其入耶穌會即在居南京時。瑪竇遣往肅州迎鄂本篤修士者，乃鳴仁而非鳴禮。（註二）瑪竇歿，鳴禮兄弟同往北京會葬，葬畢仍回南京，為志願受洗人講授教義，而後為之授洗。

（註一）參看本書第十三鍾巴相傳，巴相即鳴仁也。

（註二）瑪竇書（Ricci, Opere, t. I, pp. 551 seq. & 552 note, Tacchi Venturi）明著其為鳴仁而非鳴禮，費賴之神甫原誤鳴禮，伯希和曾糾其誤，（通報一九二六年刊第二十四卷三九三頁 Wessels 書評）茲為改正如上文。

其後鳴禮往杭州與郭居靜神甫會話，聞王豐肅（高一志）謝務祿（曾德昭）二神甫及兄鳴仁俱被拘拿，即回南京。見張寀持有北邊書揭，開封視內有揭帖，鳴禮欲刊刻投遞，為被拘者救解，不意事洩，亦被捕。鳴禮云：「平

第三十四　鍾鳴禮傳　　一四五

日受天主大恩，無以報答，今日就拿也不怕。」(註三)

(註三)鈞案此節並出破邪集卷二會審鍾明禮等案牘，原譯文微有訛誤，茲爲節錄如上文。

鳴禮兩次受杖，被投入獄，手亦受刑，後經沈漼提訊，鳴禮不爲屈，漼怒，復杖之，重投於獄。鳴禮臥地上，凡一月，寢食皆廢，然信心不滅，同獄一青年感動，因在王肅豐神甫前受洗。(Bartoli, Cina, pp. 653 seq.)

創愈後，被罰爲奴三年，在南京附近某地執牽船役。同教人醵金贖之出，然身已殘廢矣。凡人之德行，其始能如此，其後必更佳，孰意人生蒙昧：一六二一年時不知何故，鳴禮被會中除名，蓋據一六二一年名錄，其姓名下有 dimissus 字樣也。

第三十五　石宏基傳中國人

一五八五年生——一六一〇年入會——一六一〇年入內地——一六二六年四月十二日爲在俗輔佐人——一六四四年後歿

石宏基 (François de Lagea) 修士字厚齋，(註一)澳門人，爲畫師及講授教義人語言便捷，修院肄業後，一六一二年隨郭居靜神甫至杭州，一六一三年隨林斐理神甫至處州，時受洗者七十人，一六一四年至南京。一六三〇年吾人知其偕高一志神甫在絳州，一六三四年隨費奇規神甫在建昌。一六四五年其人尚存，此外事蹟無考。

(註一)原闕華姓名，茲從北平圖書館藏鈔本補入。

第三十六　邱良禀傳 中國人

一五八一年生——一六一〇年入會——一六一〇年入內地——一六三一年後歿

參考書目 Bartoli, Cina, pp. 572, 987, 1121. -Cardim, Relation, p. 121. -Jouvancy, Historia, p. 557. -Martini, Delle missione, p. 435. -Semedo, Histoire, p. 257.

邱良禀(Dominique Mendez)修士字完初，生於澳門，於一六一〇年入會。(註一)當其在韶州修院肄業時，已被拘入獄，居獄八月，臥於地，所食僅能苟延殘喘，無物以裹杖創。良禀日夜默思耶穌受難事，顯其爲人性剛烈，輒自制，務求溫和。曾致書於其道長云：「我寧死而不願犯一戒。」某次有事於廣州，人以其爲司鐸，然無據而被投入獄，受重杖始被釋出。(Semedo, loc. cit.)嗣後爲講授教義人，曾在各省與數神甫爲伴，一六二一至一六二六年間且曾被派至安南之南圻(Cochinchine)。

(註一)原誤作生於浙江，並闕華姓名，茲從北平圖書館鈔本改正。又據一六〇四年一月二十五日名錄，其入會似一六〇三年在北京時。鈞案良禀與第三三傳之邱良厚疑爲兄弟。

良禀語言流利，善於講解教理，曾勸多人入教。一六三二年 Pierre Marquez 神甫傳教海南島時，良禀被選爲其伴侶。在海南時，勸官吏王某(Paul Wang)全家入教，已而王某亦自受洗。一六三五年時島中已有傳教所四處。(Marini, loc. cit. –Cardim, loc. cit. –Bartoli, op. cit. pp. 1121.) Marquez 神甫年事高，不能習語言，被召還澳門，而以林本篤(Benoit de Mattos)神甫代之。其後良稟留居海南有若干時？歿於何時何地？皆無考。

第三十七　倪雅谷傳中國人

一六一〇年入會——一六一〇年入內地

倪雅谷 (Jacques Néva) 修士字一誠，（註一）華人而生於日本者也，早服役於中國傳教會諸神甫所。金尼閣神甫 (Expéd., p. 800. -Ricci, Opere, t. I, pp. 440 seq.) 謂其人在日本修院我輩同僚中爲善習繪畫者，視察員范禮安神甫遣之至中國，一六〇四年偕李瑪諾神甫至北京。（註二）一六一〇年入耶穌會。一六一二年會督龍華民神甫致書會長 Aquaviva 神甫，獎其德行昭著，守戒耐苦。(Bartoli, Cina, p. 514.) 雅谷居北京若干時，其後事蹟無考。

（註一）原闕華姓名，茲從北平圖書館補入。

（註二）參看本書第二十李瑪諾傳。

附傳一　第三十八甲

一六一一年會中有教師數人在福建海岸被海盜屠殺。Ruiz Barreto 神甫自日本返澳門，復從澳門率新伴侶數人赴日本，海中遇風暴，所乘舟漂至 Tchin-tcheou（疑指泉州）河中，遇海盜，舟中人皆遇害。除 Barreto

神甫外，別有 Diego Gonzalès, Antoine Abreu, Simon Antunez, Jean Alberto 四神甫，Emmanuel Pinto, Antoine Costa 二輔佐修士。(L. Pagès, La religion chrétienne au Japon, p. 195.)

附傳二 第三十八乙

又據一舊鈔本，一六一一年入中國者有日本修士一人名 Louis Rozitto，其人事蹟無考。

附傳三 第三十八丙

一六一二年入中國者尚有 Vincent Caun 或 Cafioye 修士。其人高麗籍，貴家子也，一五七八年生，一五九〇年爲日本人所擄，次年受洗。留有馬(Arima)修院四年，Zola 神甫遣之還高麗，未能入境，擬假道中國而還，然未能如其願。留居中國七年，其中四年在北京，傳教鮮成績。後奉區長命重還日本。有暴君 Cambacondano 者，知其諳華語，召之爲譯人，命改教，不從，先施以酷刑，一六二六年六月二十日還在長崎被焚死。一八六四年七月七日教皇 Pie IX 宣告其爲眞福(Bienheureux)。(Boero, Memol. 20 juin. -Cardim, fascic. 313. -Franco, ann. [illegible]. -de Guelhermy, Ménol. Portug. t. I, p. 551. -Pagès, La religion, p. 612.)

第三十九　艾儒略傳意大利人

一五八二年生——一六〇〇年入會——一六一三年至華——一六二四年四月二十一日發願(註一)——一六四九年八月三日歿於延平

參考書目 Sommervogel-Sotwel, Bibliotheca, p. 529. -Bartoli, China, pp. 724, 805, 963, 1066, 1112. -Cordara, Hist., t. I, pp. 274, 456, 613; t. III, pp. 415, 669. -Couplet, Catal. 23. -Dehaisnes, Vie du P. Trigault, p. 104. -Relation de 1621. In Histoire de ce qui s'est passé, pp. 194 seq. -Patrignani, Ménol., 3 août. -Semedo, Histoire, p. 337.

艾儒略 (Jules Aleni) 神甫字思及，生於 Brescia 長於 Venise。肄習哲學完畢，教授文學二年，晉司鐸後，一六〇九年派赴遠東。一六一〇年抵澳門。一六一一年偕史惟貞(de Spira) 神甫謀入內地，然爲船家所賣，在距廣州數日程之地被拘，納金一百四十兩(écus) 始得重還澳門。儒略曾在澳門教授數學二年，並爲修士教習三年，然未詳何年何地也。

(註一)此據一六二六年名錄。一六四八年名錄作四月二十二日，又一名錄作三月十二日。Sica 神甫名錄採後一說。

一六一三年儒略始得進入內地，初被派至北京。(註二)其後未久偕徐光啓赴上海，奉命至揚州爲某大吏講授西學。儒略善誘，爲此大吏言西士之優，迷信之僞，如是凡四月，其人遂入教，教名伯多祿（Pierre）。彼在此一六一五至一六一六年間，同時說聽衆數人入教。（Bartoli, op. cit., pp. 727 seq.）

（註二）此下應增：一六一三年，儒略被派至開封訪求猶太教經典，然人拒不出示。（Semedo, Histoire, p. 223. -Anon. Brctier? Mémoire sus les Juifs, In Lettres édif., édit. Panthéon, t. IV, p. 140.）

伯多祿還陝西任要職，攜儒略與俱。儒略居陝時，囑之種葡萄，俾能獲有誦彌撒必須之葡萄酒；蓋在此邊遠省區中常缺此酒，若從澳門運輸葡萄牙所釀之酒來，耗費極多，而且煩難也。試種結果甚佳，人皆滿意，諸傳教師尤甚。（Bartoli, op. cit., p. 731. -Trigault, Relation de la Chine, 1621, pp. 306 seq.）

其後不久，伯多祿受命爲福建總督；儒略至是遂赴山西，爲韓氏兄弟全家（Etienne & Thomas Han）舉行洗禮。（註三）（Trigault, Relation de Chine, pp. 334 seq.）儒略居山西未久，即於一六二〇年前後赴杭州，蓋爲李之藻母預備後事也。居杭時受洗者有數人。（Trigault, Relation de 1621, pp. 270 seq.）

（註三）案 Etienne 之姓，不能必其爲韓，蓋 Bortoli 與 Trigault 等記載各殊也。蕭神甫天主教傳行中國考二〇七頁云：韓姓官疑是段姓之誤。

當時杭州除李之藻楊庭筠二進士外，尚有進士教名 Martin 者信教虔篤，儒略常往見之。儒略記有云：「其人之特行，未便略而不書。某日彼往迎同僚某，在道見一人體無寸縷，縮爲一團。詢其故，則爲一兵官遇賊，賊盡剝其衣服，因而裸露。Martin 降輿脫自衣之短皮襖給之，侍從衛士皆驚其仁慈。彼每出外常施給貧民也。吾人敢謂是年杭州教會足以自給。(Relation de 1621, In Histoire de ce qui s'est passé, p. 85.)

一六二三年瞿太素子名瑪竇（Matthieu）者，召儒略赴常熟開教，瑪竇從兄進士式耜（Thomas）曾經儒略授洗，教務發達。頗賴其力，數星期中新入教者有二百二十餘人，中有式耜之諸父某，護教尤力。式耜受洗後，曾以僧道無緣字條揭示門外，僞神偶像悉皆易以耶穌聖名。(Bartoli, op. cit., p. 772.)

一六二四年閣老葉向高罷歸，道經杭州，儒略入謁，向高奇其言，延之至福建，儒略許之。向高雖未入教，然常善遇教士，一六一六年南京仇教案起，向高常維護之。

儒略有志傳教福建久矣，惟因居民風俗放逸，山道崎嶇，語言難曉，因是未果，至是遂爲開教福建之第一人，而於一六二五年中赴福州。

福州有著名文士名 Melchior Tcheou，乃全國最有名望之人，官吏皆敬重之。二年前在杭州時業已受洗，頗願宗教之傳佈也。

儒略既至，彼乃介紹之於福州高官學者，譽其學識教理皆優，加之閣老葉向高爲之吹拂，儒略不久遂傳教城中。第一次與士夫辯論後，受洗者二十五人，中有秀才數人。(Bartoli, op. cit., pp. 805 seq.)

儒略見城中官吏優遇，乃留居福州四月，遊行外府八月。如是者數年，成績甚佳。一六三四年時赴泉州興化兩地，受洗者二百五十七人。(Fariay Souza Supplément de Semedo.)

會有一異蹟發現，入教者愈衆。一六三八年泉州附近有人掘地得古石數塊，皆雕作十字架形。（Cordara.

Historia, p. 415.)(註四)華人酷好古物，爭往觀之，中有數人始因好奇而來，終乃入教。(Bartoli, op. cit., pp. 963 seq.)

(註四)本書第三十一陽瑪諾傳第四號書景教碑頌正詮後附有萬曆乙未（一五九五）崇禎戊寅（一六三八）泉州出土十字架之圖，三又 Gaillard 撰十字與萬字一五二至一五三頁亦有著錄。此種十字架似為十四世紀時之遺物。一三一三年第一任泉州主教是 Gérard，繼之者是 André de Pérouse，旋辭職，繼其後者乃 Pérégrin，其人歿於一三二二年七月六日。André de Pérouse 重在一三二三至一三二六年間為主教。最後主教是 Jacques de Florence，其人在一三六二年被害。(Vid. Gams, Series Episcop. 116.)

數年以後在各府建教堂八所，並在諸小城建小堂十五所。助理之人繼來，儒略遂跋涉山川，赴永春及其附近傳教；所至之處皆留有熱心傳教痕跡，每年新入教者八九百人。(Bartoli, op. cit., pp. 975 1666.)

一六三八年風波突起，諸神甫被逐。當時教堂甚多，僅泉州一府有教堂十三所，至是全省教堂除一所外皆沒收，移作俗用。教徒被迫繳納巨額罰金，有數人被投諸獄，其他皆大受窘苦。諸傳教師盡還澳門。儒略不因此而氣沮，密入福建，求助於閣老張某 (Tchang)，其人蓋儒略之摯友，而為福建總督垂十五年矣。儒略上辯揭，為教師教徒辯護，教產遂被發還，傳教如故。(Bartoli, op. cit. pp. 1112 seq.)

武夷山有廟宇三所，頗著名於時，儒略改其二所為教堂，惟第三廟宇之施主乃奉食齋教者，獨拒之。儒略許此輩仍食齋持苦行如故，惟不許奉偶像而敬天主，諸人遂盡入教。此輩持身嚴，原始宗徒殆不是過。一六四七年瞿西

滿 (Simon de Cunha) 神甫已有證明矣。(Dunyn Szpot, op. cit., ad an. 1647.)

一六四七至一六四八年間韃靼入閩時，儒略同陽瑪諾神甫，Paschal Fernandez 修士(註五)暨志願入會之青年名 Charles 者避難延平。延平僻處山中，不受兵禍，然生活必須之物皆缺。儒略仍舊編撰書籍，傳佈宗教。（出處同前。）

(註五)此人見本書第七十七傳。

會中因其賢明溫厚，熟悉中國風俗，擢之爲中國副區區長，在位凡七年，（一六四一至一六四八）嗣後歷任各駐所之道長共二十三年。儒略語言辯捷，華人名之曰「西方孔子」。儒略接見賓客或教徒時，常衣禮服，爲徽章祝福抑儀散念珠十字架時，必衣白服，官祭巾。

未死以前，曾使興化之名士某及閣老葉向高之二孫入教，名士教名 Thomas。向高孫有子得疾，醫治不愈，儒略爲之誦彌撒畢，持天主聖像入病者室，其疾遂愈。此子之母感此靈驗，乃盡毀偶像而受洗禮。此子後來以慈善見稱於時，海口(註六)毀於韃靼兵燹之時，彼取資贖取被虜之幼婦幼女還之本夫本父。(Dunyn Szpot, ad ann. 1648.)

(註六)案原書作 Haycheu，應是衞匡國書之 Haikeu，蓋指福州興化兩府間之海口所，玆爲改正。

一六四九年儒略歿於延平，遺體葬福州北門外之十字山。

其遺著列下：

（一）天主降生言行紀略八卷，一六四二年一七三八年，一七九六年北京刻本，末一刻本經 de Gouvea 主教核准刊行；一八五二年徐家滙刻本，Maresca 主教核准刊行一九〇三年土山灣重刻本（一九一七年書目第七號）。最初刻本爲木刻附圖畫本八卷，刻於福州，時在一六三五年至一六三七年間。別有一節本題曰耶穌言行紀略疑出新教徒手。

（二）出像經解一卷，一六三五年本卽前書初刻本之附圖也。一六六三年楊光先卽據此圖厚詆耶穌爲罪人。

（三）天主降生引義二卷，一八七二年一九二二年土山灣重刻本（一九一七年書目附目一六三號）

（四）彌撒祭義二卷，一六二九年福州刻本一九〇五年土山灣重刻本（一九一七年書目第一七九號）

（五）滌罪正規四卷，一八四九年重刻本，Maresca 主教核准刊行（土山灣一九一七年書目第一八四號）

（六）悔罪要旨一卷乃前書之一卷別出單行者也。Cordier (L'Imprim. 19.) 題作悔罪要指。衞匡國柏應理二神甫謂郭居靜神甫撰述中有一書與此標題同參看本書第十五傳第二號書。

（七）萬物眞原，一名萬有眞原一卷初刻本疑刻於杭州年月未詳；一六二八年，一六九四年，一七九一年有北京刻本；一九〇六年一九二四年有土山灣刻本（一九一七年書目附目八十一號）。(Cf. Lettres édif. t. III, p. 59.)

（八）三山論學記一卷，儒略與葉向高論學之篇也，一六二五年杭州刻本；一六九四年北京刻本一八四七年未詳何地刻本，此本經司教馬熱羅核准刊行；(註七)未詳年月 Ts'a-ka-wè 刻本，Maresca 主教核准刊行，(此主教在位始一八四七，終一八五五年；)一九二三年土山灣重刻本。(一九一七年書目附目一四三號。)鈞案北平圖書館藏明刻本，前有蘇茂相段襲二序，未題年月，段序有：三山論學書艾先生既刻於閩，余何爲又刻於絳，從余兄九章命也等語。九章名衮，絳州人，尚有弟名扆，並奉天主教，衮教名伯多祿，見本書第二十六高一志傳。據襲序，尚有閩刻本，絳刻本，一六二五年之杭州刻本，疑卽福州刻本之誤。

(註七)案一八四四年至一八六二年間澳門主教名 Jérome da Matta (de Moidrey, Hiérarchie, p. 14.)，司教馬熱羅，疑指此人。

(九)聖夢歌亦題性靈篇一卷，一六八四年北京刻本。

(十)利瑪竇行實亦題大西利先生行跡，一卷，一六二一年北京刻本。一九一九年有馬良英華二人合校本，後有陳垣跋。

(十一)張彌克遺跡一卷，彌克一九二五年六月聖教雜誌刊道學家傳作彌格。彌克，張賡子，名識，字見伯。

(十二)楊淇園行略一卷，一九三三年五月三十一日我存雜誌第三號二三至三三頁有徐景賢刊本。鈞案淇園乃楊廷筠別號，代疑編後附有楊淇園先生超性事蹟，應卽是編，筆受者晉江人丁志麟，代疑編首有天啓辛酉(一六二一)閩中後學林起序，但據本傳，儒略是年在杭。

(十三)熙朝崇正集四卷，福州刻本，是編輯關於天主教之文字若章疏序跋之類。南京教區司鐸黃伯祿曾選此集之文，並補輯新事蹟爲二卷，題作正教奉褒。（一九一七年書目一〇五號）鈞案伯祿別有正教奉傳二冊，彙輯詔敕奏章告示爲一卷，與正教奉褒內容各別，本書補註謂正教奉褒近合爲一卷，題作正教奉傳，誤也，補註删。

（十四）五十言一卷，據卷首張賡序，書題實作五十言餘，一六四五年刻於福建。Cordier (L'Imprimerie, 1901, no. 22.) 謂是編合刊利瑪竇之二十五言與艾儒略之二十五言爲一書，誤也。

（十五）聖體要理一卷，一六四四年福州刻本，一八八一年土山灣重刻本。（一九一七年書目二七一號）

（十六）耶穌聖體禱文，初附刻於前書之後，其後土山灣刻本與週主日禱文合爲一卷。（一九一七年書目四四七號）

（十七）四字經一卷，一六四二年、一六五〇年、一七九八年北京刻本；一八五六年 Ts'a-ka-wè 刻本；一八六一年未著地名刻本；一九一三年土山灣刻本。（一九一七年書目二四九號）Vasseur 神甫在一八六九年曾爲加繪圖畫，刻於土山灣，題作聖教聖像全圖。

（十八）性學觕述八卷，一六二三年杭州刻本；一八七三年、一九二二年土山灣重刻本。（一九一七年書目附目八三號）

（十九）玫瑰十五端圖像。

（二十）景教碑頌註解。（補註云：本書第三十一陽瑪諾傳第四號書景教碑頌正詮，曾在一六四七至一六四八年經儒略核准刊行，費賴之神甫未察，誤以儒略撰有註解，其實爲一書，此條應删。）

（二十一）西學凡一卷，一六二三年杭州刻本前有四名宦序，收入天學初函。

（二十二）幾何要法四卷一六三一年刻本柏應理神甫謂儒略別有 Compendium Euclidis 今未見。

（二十三）西方答問二卷。Cordier, L'Imprimerie......,(1901) no. 23. -Courant, Catal., nos 1816, 1817.

（二十四）職方外紀六卷，一六二三年杭州刻本前有李之藻楊廷筠瞿式穀序及儒略自序。（鈞案嘗見一舊鈔本自序前尚有錢唐許胥臣序。）先是利瑪竇進萬國圖，龐迪我熊三拔奉命撰爲圖說，迪我卒，儒略更增補以成之。前五卷記亞細亞，歐邏巴，利未亞（Lybie）亞墨利加，墨瓦蠟尼加（Magellanica）五洲，末卷爲四海總說。已收入天學初函及守山閣叢書。

（二十五）一六一二年十一月八日日蝕之觀測，見 Mémoires de l'Académie des sciences, VII, 706. 是編撰於澳門。(Sommervogel, Biblioth., t. I, col. 158.)

（二十六）Carta del P. Jul. Aleni escrita a Fogan por nov. 1639. sobre las cosas de la China, M. S. Bibliothèq. du Marquis de Villena. (Cordier, Bibliotheca, col. 1040.)

（二十七）Antoine de Ste-Marie 神甫致視察員 de Parna 神甫書，引有儒略撰漢文本關於中國祭祀祖先說。

（二十八）柏應理神甫更著錄有 De Anima : Philosophia de animaejusque potentiis, 3 vol. 今未

見此本，而漢文鈔本皆未見著錄。殆爲第十八號之性學觕述。

（二十九）Sommervogel (Ibid., col. 157.) 神甫引有儒略致 Clavius (1609) 神甫書之一節，In Magnes du P. Kircher (édit. 1654, p. 315.) 暨一六一二年一月二十八日在澳門致 Magini 書，in Carteggio inedito di Tichone Brahe da Ant. Favaro (Bologna, 1886, pp. 347–349.)

（三十）據畢嘉 (Gabiani) 神甫說 (In Sommervogel, Ibid., col. 159.) 儒略有駁龍華民神甫說：Sententia circa nomina quibus appellari potest Deus in Sinis (1633) 並曾參訂下一撰述：Tractatus super undecim punctis a decem Patribus S. J. decisis circa usum vocabulorum sinensium in rebus sacris, Pékin, 1628. (Sommervogel, Ibid., col. 159.)

（三十一）口鐸日抄，與盧安德 (Rudomina) 神甫合撰，參看本書第五十六盧安德傳。

（三十二）關於創世諸編，載道原精萃中，此叢刊共八冊，一八八八年，一九二六年土山灣刻本。（一九一七年書目附目一六一號。）

（三十三）據 Duriez 書錄，De Backer (Bibli., t. 1, col. 66.) 引有彌撒初義 (Mi-sa tchou-i) 一六二九年福州刻本，似儒略曾將羅馬彌撒禱文轉爲漢文。此書今未見，亦不見漢文書目著錄，儒略殆有譯文，否則利類思 (Buglio) 神甫不致有重譯本（彌撒經典，見本書第八十傳第二號書）。

巴黎國民圖書館漢籍新藏列號二七五三及三〇八四之本，題曰艾先生行述，即儒略傳記，內有木刻陰紋儒略遺像。(Cordier, L'Imprimerie, p. 5.)

第四十　畢方濟傳意大利人

一五八二年生——一六〇三年四月三十日入會——一六一三年入華——一六二五年二月二日發願——一六四九年一月歿於廣州

參考書目 Bartoli, Cina, pp. 697, 824, 1127. -Couplet, Catal., 228. -Patrignani, Menol., 13 oct. -Relation de 1621, in Histoire de ce qui s'est passé, pp. 206, 251. -Semedo, Histoire, pp. 280, 336. -Wylie, Notes.

畢方濟（François Sambiasi）神甫字今梁，出生於拿波利（Naples）國之 Cosenza。曾在會中作各科教習，而於一六〇九年赴印度。一六一〇年抵澳門。原應赴日本，視察員以其尤宜居中國，遂留之澳門，因在澳門教授數學一年。

一六一三年被召至北京，一六一六年南京仇殺之事起，被逐南還。山東巡撫教名納爵（Ignace）（註一）者留之居嘉定，不聽還澳門。納爵爲之預備禮拜堂一所，居宅一處。此宅並用以作青年研究之所，足容十一二人。（Semedo, Histoire, pp. 336 seq.）

（註一）鈞案此納爵指孫元化，元化字初陽，嘉定人，附見明史卷二四八徐從治傳。元化天啓間始舉於鄉，任登萊巡撫，乃以後事，萬曆四十四年（一六一六）尙在籍，此云山東巡撫，誤也。

仇教之事未息，方濟潛入北京，匿居閣老徐光啓宅。(Relation de 1621, in Histoire de ce qui s'est passé, p. 251.) 當是時也，光啓上疏，主遣大臣赴朝鮮徵兵以討勢力日盛之韃靼。前此未久朝鮮人曾以勇武建功績。朝廷報可，光啓擬親行，並延方濟偕往傳教。國主如受洗，人民將必從之。遂作種種預備，並多攜利瑪竇神甫之撰述。將行，朝臣獻議以爲遣一閣老往，有妨朝政，宜遣他人行，其事遂寢。(Bartoli, Cina, p. 697. -Relation de 1621, op. cit., pp. 206 seq.)

朝中猜忌日甚，方濟不能留，遂離北京。一六二二年至上海，管理附近一帶城鄉教務。其爲人仁厚儉樸，和靄可親，教外人多歸心焉。

方濟有時至松江，爲一家九十人授洗，同時有秀才二十五人入教；數月後又爲八十九人授洗，已而在隣近一小村中爲十二人授洗。(Bartoli, op. cit., pp. 822 seq.)

一六二八年方濟勤勞過度，在松江得重疾，諸道長遣之赴山西。道經河南省會開封府，有天主教商人名伯多祿(Pierre)者，正憂其故鄉無傳教師，留方濟居開封，爲租一小宅，租期三月。時有方濟舊在北京認識之官吏數人在開封居高位，方濟賴其介紹，聲望遂起，新教所遂以成立。在開封傳教數年。第一受洗人即此商人之弟，教名保祿(Paul)。(Cordara, Hist. soc., t. VIII, p. 236.)

旋赴山東，復至南京。據 Faria y Souza 說，一六三四年時南京經方濟授洗者有六百人。南京教區經一六一六年及一六二二年兩次仇教之難，頗受摧毁，雖有楊廷筠、李之藻、王徵、瞿式耜 (Michel, Léon, Philippe, Thomas,) 諸人挽救，然未足消沈漼之怨；則在斯時，不僅未能使教務發達，且難保存舊狀也。

方濟竟將此教區興復，是皆由其正直賢良，精通文學數理，善於誘導人心之所致也。後有朝旨至，命其測量北極高度，觀察日蝕，改良曆法，是亦與官吏接交之良法也。方濟預測某日某時有日月蝕，其後果驗，由是人愈重之。(Bartoli, I. c. 1049.)

自是以後，信徒信心愈堅。有名僧某竟謂方濟學識與己埒，復有全省最高之官吏某入教。方濟時赴舊日教區巡歷，某次赴瞿式耜之故鄉常熟，爲三百人授洗。脫非僧人憤方濟之絕其食，舉起反對，其在附近諸鄉村中之成績必佳。(Bartoli, Cina, pp. 1053 seq.)

一六三八年徐日昇 (Fiva) 萬密克 (Walta) 二神甫至南京，方濟以教務委之，而赴淮安府；緣有淮安二青年士人因事至南京，延方濟赴淮安也。士人一人之母頗信偶像，夜夢一長鬚儒服之長者，告其應離僞神，而奉眞主；及方濟至，識是夢中所見之人，因同其子及另一士人入教。方濟離淮安時，官吏受洗者三人，中有一人是宗室紳者，三十人，士人二十七人，婦女八十人，平民稱是。方濟迄於一六四四年，傳教揚州蘇州寧波諸府，及其他江浙城市，成績皆類此。一六四〇年一年間入教者有七百人。(Bartoli, Cina, pp. 1109 seq.)

一六四一年方濟在南京城內某山上爲天使建一教堂，題堂門曰護守山，蓋以護守天使之名名是山也。堂內用西洋畫法繪一圖，附以說明，右爲善天使圖，分天使爲九種；左爲墮入地獄之惡天使圖。教內教外人見圖新異，爭往觀之，因而受洗者不乏其人。方濟又傳教江蘇各府，亦頗有成績。(Dunyn Szpot, Hist., ad an. 1641.)

方濟並教導童貞女數人，後皆以虔誠而顯於世。中有一人歿於一六三七年，迨至一六五二年發覗遺骸，絲毫未變，雖逾十五年，其貌如生。

一六四四年崇禎帝崩，韃靼兵入據北京，南方忠於明朝諸官吏迎萬曆帝孫福王於淮安，即位於南京，年號弘光。弘光帝立，一面與韃靼議和，一面命方濟爲使臣赴澳門求救。澳門會團長 Gaspard de Amaral 集會中人共議，中國日本視察員 Emmanuel de Azevedo 爲主席，議決處此情勢之下，方濟得受此職，蓋其與本教及本會皆無妨礙，而且有利於本教及澳門也。

由是方濟允爲使臣，但求事成之後，允許傳教，並許教徒建設教堂。一六四五年三月杪，方濟帶領官吏文士兵卒甚衆發自南京，前往廣州。離南京時以教務委之潘國光 (Brancati) 神甫。在途聞南京不守，弘光爲臣下所賣，在蕪湖附近江中溺死。(de Mailla, Histoire, t. x, pp. 529, 530.) 然仍前行赴澳門，澳門官吏盛儀接待之。方濟留居澳門若干時，會唐王立於福州，年號隆武，唐王初識方濟於常熟，至是仍以弘光委任之事委之，並作書召之至，其書略曰：

「臣民强我監國，汝識我已二十年；我誓恢復祖業而竭力爲吾民謀幸福。盼我老友速來以備諮詢。我作書召汝已三次，今欲任汝爲武職大員，然後任汝爲使臣，願汝有以慰我。隆武元年正月初四日。」

方濟既至，隆武信任甚切，至欲命之爲大臣。時隆武帝位頗危，方濟勸之信教，隆武許其建教堂及居宅一所於廣州。已而方濟偕太監龐天壽同奉使至澳門。(Dunyn Szpot, Hist., ad an. 1645.)

一六四六年唐王被害，桂王繼立年號永曆。從者有五省。因龐天壽之進言，永曆帝仍以隆武帝所付之特權授之，並授以國中最大四種官職之一。方濟賴天壽之助在廣州建築教堂居宅各一所，在韃靼未取廣州前落成。(Dunyn Szpot, Hist, ad an. 1646.)

韃靼兵取廣州，方濟時在城中，幾瀕於危。韃靼至其門，有一人呼曰：「有鬚人何在？」方濟出，其人執刀欲斷其首，方濟手抱其人與之爭，別有韃靼二人用刀斫其面，幸有一僕人力大負之至一窮家得免。其伴費奇規神甫及輔佐修士一人亦因葡萄牙商人之救，得免屠殺。

宅中物有一部份被劫掠，會有城中長官及總督某聞方濟名，命人覓之至，以禮待之，並其伴侶送還教堂，禁止侵犯。韃靼軍將中有一人名 Didace Baretto 出生於新西班牙，嘗爲南京教區耶穌會之輔佐修士，出會後投韃靼爲武將，與方濟爲舊識，至是護之尤力。(Dunyn Szpot, Hist., ad an. 1647.)

方濟仍在廣州及其附近諸村傳教，迄於一六四九年之歿。永曆帝命以盛儀葬於隆武帝之賜地中，其地遂爲澳門會團之產業。(註二)

(註二)聖教雜誌(一九二五年六月刊)所刊道學家傳謂方濟卒於廣州府，墓在省城北門外金坑。案隆武帝賜地在澳門對岸 Lappa 島之銀坑村中，方濟墓殆在此處。一九三四年二月十五日 D'Elia 神甫補註。

方濟遺作列下：

(一)靈言蠡勺二卷，一六二四年上海或嘉定刻本，重刻入天學初函。是編曾經徐光啓校訂(Wylie, Notes,

p. 140.)

據 Foureau 神甫說，皇族有三公爺者，即因讀是編而入教。其人不解亞尼瑪（靈魂）之義，乃閱是書及他書，因而入教。(Cordier, L'Imprimerie, p. 43.)

（二）睡答

（三）畫答。此二編合刻，題曰睡畫二答，前有李之藻序。

（四）一六三三年上崇禎皇帝奏疏，蓋因陸若漢 (Jean Rodriguez) 神甫是年歿於廣州，方濟上疏請賜塋地。先是澳門遣公沙的西勞 (Gonzalvès Texeira) 領兵往禦韃靼，若漢曾隨軍而至遼東，事具本書第七十一傳。

安文思 (de Magalhaens) 神甫謂方濟曾撰有靈魂不死、道德、畫舉四短編，並爲世所重。(Relation, p. 101.)

第四十一　曾德昭傳葡萄牙人(註一)

一五八五年生——一六〇二年四月三十日入會——一六一三年入華——一六二四年六月十日發願(註二)——一六五八年七月十八日歿於廣州

參考書目 Alegambe, Bibliotheca, p. 44. -Bartoli, Cina, pp. 649 seq. -Couplet, Catal., p. 25. -Cordara, Historia, t. I, pp. 128 seq., 612. -Franco, Annus gioriosus, 256. -Gabiani, Incrementa, t. I, chap. 7. -Guilhermy, Portugal, t. II, p. 381. -Huc, Le Christianisme, t. II, pp. 66 seq. -Kircher, China, t. I, p. 46. -Litteroe annuoe, 1618. -Martini, Brevis relatio, p. 27. -Patrignani, Menol., juillet, p. 153. -Mailla, Histpire, t. XI. -Semedo, Histoire, passim.

曾德昭(Alvare de Semedo)神甫字繼元，生於葡萄牙國 Portalègre 教區之 Nizea 城，年十七歲入修院。當其肄習哲學時，請赴印度，時在一六〇八年也。在臥亞完成其學業，而於一六一三年派至南京，初冠漢姓名曰謝務祿，開始肄習語言。一六一六年仇教之事起，彼為高一志(時名王豐肅)相依不離之伴侶，與一志同入獄，同受苦，惟未受杖，緣其病不能與也。(註三)

(註一)鈞案原誤曾德照，南懷仁道學家傳(一九二五年六月刊聖教雜誌)作曾德照，北平圖書館藏鈔本作曾德昭，今據以改正。

(註二)此據一六二六年名錄；一六四八年名錄作一六二六年六月十日。

(註三)參看本書第二十六高一志傳。

與一志同被謫居澳門，至一六二〇年始得重入內地，遂改謝務祿名爲曾德昭。破邪集卷一載會審王豐肅等案牘云：「審得謝務祿，面紅白色，眼深，鼻尖，黃鬚，供年三十二歲，大西洋人。曾中多耳篤（docteur），不願爲官，亦只會友講學。于先年失記月日，自搭海船前到廣東澳中，約有三年六個月。」復入內地後，留居浙江數年，居杭州時爲多，楊庭筠曾助之開闢新教區。德昭亦曾赴江西、江南，並歷居嘉定、上海，迄於前赴西安之時。(Relation de 1621, in Histoire de ce qui s'est passé, pp. 120 seq.)

一六二五年西安發現景教碑時，彼蓋爲首先目擊此碑之歐羅巴人。「當時有人在此城附近建屋，工人掘地得一石，長九掌（empans）（合一九〇公分），寬四掌（合八四公分），厚一掌有奇。其一端作三尖塔形，上刻十字架，其下刻百合花形，與 Méliapor 宗徒聖多默（Saint-Thomas）墓上所刻者無異。石上全勒碑文，且勒有若干時人尚未認識之外國文字。」(Histoire……p. 227.) 根據此碑，六三五年時有大秦國人名阿羅本，曾將基督教輸入中國，時在唐太宗時也。後至七八一年有司鐸名寧恕者建立此碑。（註四）德昭居陝西、江西（一六三〇年）數年，至一六三六年時以中國副教區會計員名義被派至羅馬，陳述傳教會之需要，並請多派會士至中國。視察員陽瑪諾至請派六十人來。

（註四）關於此碑之沿革及其譯文，可參考夏鳴雷（Havret）神甫之佳作，現編 Variétés Sinologiques 叢刊第七第十二第二十册。

德昭遂於一六三七年在澳門登舟出發，一六三八年在臥亞完成其中國通史，旋於一六四〇年安抵葡萄牙，一六四二年至羅馬。「人聞其至，並悉其旅行之目的，乃在徵求會士東行，應者甚衆，每教區中之函求者人數甚多，僅Coimbre同Evora兩教區教師簽名者九十餘人，至有剌血簽名者。」(Semedo, Histoire, p. 245.)

但據Franco神甫之記錄，一六四四年德昭首途時偕行者僅有意大利籍François Sinamo神甫，弗剌明籍Ignace Lagote神甫，同時Louis Moura神甫固率領六人出發，然能行抵中國者僅穆尼閣(Smogolenski)神甫（本書第九一傳）一人，其餘五人及德昭之同伴二人皆不知所終。德昭抵中國任副區長數年，時韃靼之戰正熾，須有一謹慎賢明之人如德昭者任此職。蓋其為人堅忍善言詞，持身寒苦，德行昭著，雖教外人亦甚重之也。

一六四九年畢方濟神甫死，德昭至廣州主持教務，復由廣東偕瞿安德(Köffler)神甫至肇慶，在永歷帝后及全宮人員前舉行彌撒。已而舉新抵中國之卜彌格(Michel Boym)神甫以自代，而還廣州。一六五〇年十二月韃靼重取廣州，德昭避居教堂，有信教士卒數人勸其逃，然德昭憶及有一信道之回教徒尚未受洗，急往覓之為授洗。旋為一切避難之教徒舉行赦禮，終夜接受彼等之告解。

比曙舉行彌撒後，為諸人作聖體之受領，將祭器深藏，衣白祭服，燃燭跪祭壇前以待死。韃靼兵一隊至，其一隊長捕之，冀得贖金。他人雖促其「殺此無用老人」，其人不願也。

處此苦境凡五日，韃靼主將有閹人名彌格(Michel)者識之，告其主將，謂其是湯若望之兄弟。主將早識若望名，遂命釋德昭，放還教堂。其後不久，德昭還澳門養疾。(Dunyn Szpot, Hist., ad an. 1652.)

其後數年皆居廣州，頗受主將孔王(Kon-wang)之優遇。一六五八年卒。Patrignani神甫謂其卒於是年七月；Guilhermy神甫謂其卒於是年十月。

德昭遺著列下：

（一）字考內葡萄牙漢文字書及漢文葡萄牙文字書各一卷，是否刊行未詳。

（二）Annuae litterae e Sinis, ann. 1622–23. 後題一六二三年六月三日作於杭州。in-8, Milano, 1627., in Histoire de ce qui s'est passé, in-8, Paris, Cramoisy, 1627, pp. 147 seq.

（三）Relatio de Magna monarchia Sinarum 或中國通史，四開本，一六四五年巴黎刻本。原爲葡萄牙文，其標題作 Relação de propagação da fé no regno da China e outros adjacentes, in-4, Madrid, 1641。Faria y Souza 書曾將此本重訂，標題作 Imperio de la China, i cultura evangelica en el por los Religiosos de la Compagnie de Jesus, in-4, Madrid, Jean Sanchez, 1642. 是書有數版，並譯有數國文字。書凡二卷，上卷述中國之政治、風俗、語言、衣服、迷信、戰爭、商業。歐羅巴人詳述茶葉之製法及用法之書，當首數是編。下卷述基督教輸入中國之起源，南京仇教之經過，李之藻之傳記。

（四）Sommervogel (Bibliothèque, t. VII, col. 1113.) 引有中國仇教實錄，謂本會德昭神甫信札，Paris, 1619; Bordeaux, 1620.

（五）及（六）同一神甫 (op. cit., col. 1114.) 引有德昭信札數通，現藏 Montpellier & Bruxelles 二城，並引有駁龍華民神甫漢文天主名稱及禮儀問題等主張之文一篇。

第四十二　史惟貞傳法蘭西人

一五八四年——一六〇三年入會——一六一三年入華——一六二四年六月十四日發願——一六二八年十二月二十日歿於江中

參考書目 Bartoli, Cina, p. 904. -Couplet, 24. Catal. 24. -Cordara, Hist, t. I, pp. 275, 407; t. II, p. 239. -Dehaisnes, Vie du Père Trigault, pp. 104, 157. -Patrignani, Ménol., 20 déc. -Relation de 1621 & 1622 pp. 123, 187, in Histoire de ce qui s'est passe.

史惟貞 (Pierre van Spiere, Spira) 神甫字一覽，生於 Douai。其父 Jean van Spiere，法學博士，曾爲本城大學校長。一六〇三年入 Bruxelles 城之耶穌會，越數年被派至羅馬。仿其鄉人金尼閣神甫先例，亦請派赴遠方傳教；會長許之，遂於一六〇九年登舟赴印度；(註一)在臥亞肄習神學，畢，受司鐸，被派至中國。一六一一年抵澳門。

(註一) Kieckens 神甫 (Précis historiques, 1880, p. 196) 著錄有一名 Jean Delevigne 者，以一五八二年六月一日生於 Lille 城，曾偕惟貞同行，於一六〇七年歿於海航中。Franco 神甫無著錄。

當惟貞欲密入內地時，曾在距廣州數十里之地，同艾儒略神甫遭盜劫，折還澳門，而待良機之至。然至一六一三年，前其願未遂。迨至是年，始被派至南昌傳教二年。沈漼仇教之事起，惟貞隱伏數年。一六一九年始蒞湖廣，居一信教官吏名 Thaddée 者家，已而赴南京。(Dehaisnes, op. cit., pp. 104 seq., 157 seq.)

新入教之教民皆貧乏，而仇教事未全息，惟貞輒來往各城村間，藏伏貧民宅中，不能常得一適當處所舉行彌撒聖禮。衆教民雖貧，乃醵錢在城中購一廣廈，窮苦工匠居外宅，內宅設一禮拜堂，並爲惟貞佈置臥室一所。有軍官名 Luc Tchang（註二）者，又爲之在城中別建駐所一處，而進士伯多祿（Pierre）（註三）亦爲建一第三駐所於揚州。(Dehaisnes, op. cit., 158 seq.)

（註二）其人似姓張，別見高一志傳。

（註三）其人似姓馬，一六一五年受洗，別見艾儒略傳。

惟貞德行最著者，莫過於收養棄兒一事。華人或因貧苦，或因迷信，或因其他原因，不欲留養嬰兒者，若不斃之，即棄於道。一六二〇年惟貞命本區教民拾諸棄兒收養，由是棄兒得活者甚衆。(Dehaisnes, op. cit., p. 159.)

一六二八年湖廣有一信教官吏姓潘（P'ang）抑姓彭（P'eng）教名洗滿（Simon）者，時爲通山縣令，曾求惟貞許其全家參與聖誕瞻禮。惟貞適從遠道歸，雖甚困苦，許之，携同伴二人登江舟。船夫見惟貞所携盛祭器之箱匣甚重，度其中滿盛金銀，十二月二十夜召集羣盜與之約，奪取寶箱，惟不得害教師生命。孰知羣盜縶執神甫及船中人手足，一併投之江流。神甫屍後發現於上流，運葬於南昌。(Bartoli, Cina, pp. 904 seq.)

第四十三　鄔若望傳 達馬地人

一六二〇年入華——一六二一年四月二十二日歿於南昌

參考書目 Alegambe, Bibliotheca, p. 512. -Bartoli, Cina, p. 720. -Cordara, Historia, t. I, p. 276. -Couplet, Catal., 26.

鄔若望 (Jean Ureman, Uremon) 神甫字瞻宇，達馬地 (Dalmatie) 人也。生年未詳，何時入會，亦無考，僅知其已晉司鐸而已。金尼閣神甫抵羅馬，延之同赴中國，會長經其力請，不得已許之。

Bartoli 神甫云：其爲人多材藝，尤長於數學，兼爲熱心傳道之人。(Bartoli, Cina, p. 720.)

若望立赴葡萄牙，於一六一五年在里斯本登舟。一六一六年抵澳門，時仇教之事未息，乃留居澳門三年，教授青年會士科學。

一六二〇年十二月遇一機緣，遂赴南昌。在道恐爲人識，伏處艙底。若望已患胃痛之疾，既困處艙底，足浸水中，飲食不充，睡臥不寧，疾病加劇。舟行四月始抵南昌，有一中國修士來迎，見其骨立。(Bartoli, Cina, p. 721. -Relation de 1621, p. 229.)

一六二一年四月二十二日若望疾遂不起，遺體葬南京雨花台下。

其遺著有一六一五至一六一六年之 Annua Lettera del Giapone 十二月十三日寫於澳門，見 Recueil de Napoli, in-8. 1621.

第四十四　法類思傳中國人(註一)

一五九五年生——一六二〇年入會——一六二〇年入內地

參考書目 Guilhermy, Ménol. Portug., t. II, p. 189.

法類思（Louis de Faria）修士一五九五年生於澳門，父母皆華人，幼年即爲會中之講說教義人。

(註一)鈞案此人原闕漢姓名，法類思乃新譯名。

南京仇教時，類思曾入獄受杖，會中道長見其堅忍不撓，於一六二〇年許其入會。一六二二年名錄有其名，嗣後不知所終。蓋一六三〇年名錄已無名矣。

附傳一　納爵傳中國人(註二)

一五九五年前後生——一六二〇年入會——一六二〇年入內地

參考書目 Guilhermy, Ménol. Portug., t. II, p. 189.

據諸傳教師之古記錄，偕鍾巴相修士（本書第十三傳）同入獄受刑者，除法類思修士（本書第四四傳）

外，別有一青年請授教義人名納爵（Ignace），會中因其罹難不屈，許之入會。

（註一）鈞案此人漢姓名原佚。

納爵受杖凡三次。餘無考。一六二二年名錄未列名。

附傳二　康瑪竇傳 中國人（註一）

一六二〇年前後歿

參考書目 Bartoli, Cina, p. 682. -Guilhermy, Ménol. Portug., t. II, pp. 189 seq.

此老人見鍾巴相修士被判徒刑（參看本書第十三傳），願代服役，巴相遂得釋。

（註一）鈞案此人原闕漢姓名，康瑪竇乃新譯名，不能必其爲康姓也。

其後未久，賴有一朝中重臣之新入教者爲之關說，瑪竇亦被釋，後壽終於澳門。

金尼閣神甫曾將康修士獻身天主之遺蹟保存。（Guilhermy, Ménol. Portug., t. II, p. 190.）

第四十五　傅汎際傳 葡萄牙人

一五八七年生——一六〇八年入會——一六二一年至華——一六二六年五月二日發願——一六五三年十一月二十一日歿於澳門(註一)

參考書目 Alegambe, Bibliotheca, p. 228. -Bartoli, Cina, p. 1039. -Cordara, Historia, t. I, p. 456. -Couplet, Catal., 28. -Dunyn Szpot, Sinarum Historia. -Relation de 1620, p. 103. -Semedo, Histoire, pp. 363 seq.

傅汎際(François Furtado, Heurtado)神甫字體齋，出生於 Açores 羣島之 Fayal 島。一六〇八年入修院。曾在會中肄習哲學神學，旋曾司鐸，願赴遠方傳教。一六一八年乘金尼閣神甫重還中國之便與之偕行。一六二〇年抵澳門。初派至嘉定肄習語言(註二)。已而赴杭州，與李之藻相隨，似留杭止於一六三〇年之藻之死。汎際除佈教外，曾與之藻編撰哲學書籍。(Semedo, Histoire, p. 365.)

(註一) Marques, in Éphémérides de Macao, p. 34. 謂其歿於四月十二日。

(註二)參看本書第十五郭居靜傳。

一六三〇年汎際自杭州赴陝西，在西安府城建立教堂一所。被任爲副區長後，歷遊各傳教所，在位凡六年。

當是時也，有方濟各派神甫二人不聽同僚之勸告，欲赴北京勸化皇室入教，終被捕押解至福州，投於獄。汎際敎之出遣之避居山中諸傳敎所。(Ferrando, Hist. des Dominicains aux Philipp., Japon, Chine; Madrid, 1871. t. XI, p. 386.)

一六四一年因韃靼之侵入益以內亂饑饉及盜賊橫行，視察員等不得已將中國副教區析爲二部：北部包括京畿、山西、山東、陝西、河南、四川，命汎際主之；南部包括南京、福建、湖廣、浙江、江西、兩廣，命艾儒略主之。(Dunyn Szpot, Hist., ad an. 1641.)

一六五一年汎際被命爲視察員，於困難境况中重還澳門，巡歷廣東全省。此外並曾任各地駐所道長垂十三年。後卒，葬於澳門。

其遺著列下：

（一）寰有詮六卷，一六二八年杭州刻本。此書乃 Aristote 所撰 De coelo et mundo 之譯文。此書與名理探皆由李之藻筆受，卷首皆有之藻序文。

（二）名理探十卷，一六三一年杭州刻本；一九三一年土山灣有重刻本。（鈞案尙有輔仁大學影印陳援菴先生藏鈔本，僅五卷。）是爲 Coïmbre 大學之論理學。

（三）Realtio de statu Sinensis Missionis scripta ad Summum Pontificem, anno 1639, in-8. 又 Hanovre 城圖書館藏鈔本，編列一八一一號，題作 Relatio ad Pontificem Max. de Regno Sinensi et de Missione ad Illud 1639. 二開本，十四頁，後有 Leibnitz 手書二頁，不知是否爲同一書。是編先由 N. D. de

Rosario 船從澳門載赴葡萄牙，在中途被荷蘭人劫取。巴黎有鈔本。(Cf. Sommervogel, Bibliothèque, t. III, col. 1069.)

（四）Informatio antiquissima de praxi Missionariorum S. J. circa ritus sinensis, data in Sinis jam ab annis 1636 et 1640 a R. P. Furtado, Vice-provinciali, in-8, Paris, Pépie, 1706. 是編內載一六三六年十一月十日致會長 Vitelleschi 書，及汎際答 de Morales 神甫之十二答，而於一六四〇年二月八日致視察員 Ant. Rubino 神甫者。(Sommervogel, loc. cit.) 汎際答文在禮儀問題辯論時，曾用各種語言重刻多本。(Sommervogel, loc. cit.)

（五）一六三四年致會長 Vitelleschi 書，陳述傳道會之概況，及高一志、龍華民二神甫之德行。Bartoli, Cina, p. 1039. 曾節錄其文。

（六）天主教要一卷，闕撰人名。

第四十六　鄧玉函傳日爾曼人

一五七六年生——一六一一年十二月一日入會(註一)——一六二一年至華——一六二六年九月二日發願——一六三〇年五月十一日歿於北京(註二)

參考書目 Alegambe, Bibliotheca, p. 507. -Bartoli, Cina, pp. 908 seq., 954. -Cardoso, Agiologio, t. III, p. 231. -Couplet, Catal. 27. -Cordara, Historia, pp. 322 seq. -Drews, Fasti, 13 mars. -Kircher China, p. 110. -Mailla, Histoire, t. X. -Schall, Historia, relat., pp. 8-16. -Wylie, Notes.

鄧玉函 (Jean Terrenz, Terentio)(註三)神甫字涵璞，出生於 Bade 大公國之 Constance 城，以醫學、哲學、數學著名於德意志全境。諳悉猶太迦勒都 (Chaldée) 拉丁希臘等文字，除本國語外，並熟知法英葡等國語言。既善醫術，當時王公數人頗重視之，不難躋高位也，然在三十五歲時捨身入會，不久即赴海外傳教。一六一八年四月十六日偕金尼閣神甫在里斯本登舟東邁。

(註一) Sica 名錄作十二月四日

(註二) Sica 名錄作五月十三日

(註三) Brucker 名錄謂其姓 Schreck

玉函在舟中得重疾，此疾時認爲不治，賴有青年神甫 Cavallina 願捨己身以救之。後其願果遂，捨身者死，而玉函之疾得痊。(Cardoso, loc. cit. Dehaisnes, Vie du P. Trigault, p. 147.) 當其居留臥亞、榜葛剌、滿剌加等地、蘇門答剌及安南南圻沿岸、澳門及中國時，曾以其熟練之博物學識，採輯異種植物、礦石、動物、魚類、爬蟲、昆蟲；顧玉函兼善繪事，並圖其形，此外並研究上列諸地之氣候人物。(Kircher, China, p. 110.)

上述一切紀錄凡兩册，題曰 Plinius indicus。一六二一年抵澳門，初派至嘉定研究華語，繼至杭州執行教務。未久，朝廷聞其博學，召之至北京修曆。

一六一一年熊三拔修曆，始因官吏之嫉，旋因南京仇教之事起，修訂未成。語見本書第三十三拔傳。已而監官推算多誤，崇禎皇帝命徐光啓督修新法，光啓奏請徵召西士修改，一六二九年九月二十七日下詔報可。(Bartoli, Cina, pp. 909 seq. -Schall, Historica, relatio, pp. 10 seq.)

時歐羅巴人在北京者，僅玉函與龍華民二人，乃召玉函主其事，徐光啓、李之藻、李天經輔之，三人皆信教官吏也；同時帝命製造儀器。

一六三〇年五月十一日玉函卒，命湯若望、羅雅谷繼續其未成之業。(註四)

(註四)明史卷三二六意大里亞傳記載其事甚詳，其文略曰：萬曆中利瑪竇同中官馬堂至京師，繪有萬國全圖，以萬曆三十八年(一六一〇)卒於京，賜葬西郭外。其年十一月朔日曆官推算多謬，朝臣推龐迪我、熊三拔會同測驗，從之。自瑪竇入中國後，其徒來益衆，有王豐肅傳教南京。萬曆四十四年(一六一六)禮部官以王豐肅、陽瑪諾煽惑羣衆不下萬人，朔望朝拜動以千計，一如白蓮、無爲諸教，帝命遣赴廣東，聽還本國。其國善製礮，視西洋更巨，既傳入內地，華人多效之而不能用。天啓、崇禎間，東北用兵，數召澳中人入都，令將士學習，其人亦爲盡力。崇禎時曆法益疏舛，禮部尙書徐元啓請令其徒羅雅谷、湯若望等以其國新法相參較，開局纂修，報可。久之書成，即以崇禎元年戊辰（一六二八）爲曆元名之曰崇禎曆書，雖未頒行，其法視大統曆爲密，識者有取焉。其國人東來者，大都聰明特達之士，意專行教，不求祿利。其所著書多華人所未道，故一時好異者咸尚之，而士大夫如徐光啓李之藻輩首好其說，且爲潤色其文詞，故其教驟興。

其遺著列下：

（一）玉函等所修新曆，一六三四年書成，凡一百卷，（註五）題曰崇禎曆書，康熙時改名西洋曆法新書。其書凡十一部，曰法原，曰法數，曰法算，曰法器，曰會通，謂之基本五目；曰日躔，曰恆星，曰月離，曰日月交會，曰五緯星，曰五星交會，謂之節次六目。書末附曆法西傳新法表異二種，則湯若望入清後所作而附刻以行。歌白泥（Copernic）弟谷（Tycho-Brahé）刻白爾（Képler）諸氏及其發現，亦附見焉。四庫全書總目改題曰新法算書，而以屬徐光啓李之藻李天經龍華民鄧玉函羅雅谷湯若望等，阮元疇人傳以屬湯若望，其實諸人皆與其事也。(Cf. Wylie, Notes, p. 87.)

（註五）湯若望神甫 Historica relatio pp. 13–14 云有一百五十卷，修訂五年始成。分三編，首西洋天文學理，次行星，恆星，日月蝕諸說，與夫測算之方法，次便利測算諸表。

（二）人身說概二卷。鈞按今所見舊抄本題作泰西人身說概，首有東萊畢拱辰序，稱譯于武林李太僕家。李太僕即之藻，是玉函此書之作，當在居杭州時。又稱初無刊本，崇禎八年（一六三五）拱辰識湯若望於京，得見此書，以玉函譯說時，乃一紙漏侍史從旁記述，恨其筆俚而不能挈作者之華，語滯而不能達作者之意，因爲之通其隔礙理其棼亂，又其鄙陋，凡十分之五，而本來面目，宛然具在，遂付諸梓。其時當在崇禎季年。又按羅雅谷有人身圖說二卷，亦爲最初輸入之生理學，然編次與玉函說概異。俞正燮癸巳類稿卷十四有書人身圖說後一文，混玉函雅谷二書爲一，殆二書並行，俞氏不知，致有此誤。本書第五五羅雅谷傳未著錄有人身圖說，則費賴之未見其本矣。

（三）奇器圖說三卷，一六二七年北京刻本，玉函口授，王徵筆述。一六二八年南京刻本，前有玉函弟子張某(Tchang Yong-yu) 序。一八四四年收入守山閣叢書。徵與玉函別撰有諸器圖說一卷，皆言力學及各色器具之書也。(Cf. Wylie, Notes, p. 416.)

（四）大測二卷。

（五）測天約說二卷。

（六）正球升度表一卷。

（七）黃赤距度表一卷。

（八）渾蓋通憲圖說三卷，之藻刻於北京。

（九）Epistolium ex regno Sinarum ad mathematicos europaeos missum, cum commentatiuncula Joan. Poppleri, in-4, Sagan (Silésie), 1630.

（十）玉函未入會前刻有：Thesaurus rerum medicarum novae Hispaniae, in-fol., Rome, Moscardi, 1630.

（十一）玉函留有一部未成之大著作，即上述之 Plinius indicus，兩開本二册，自一六一八年迄於死時，凡所採集觀察，並錄於其中，頗有刊行之價值也。

（十二）Epistola 22 april. 1622 Joanni Fabro a Sou-tcheou Roman missa，現藏 Montpellier 醫科大學圖書館，鈔本編一〇四號。

（十三）一六二九年八月二十七日玉函自北京致費奇規神甫書，抄示西安景教碑上刻西利亞或阿美尼亞籍諸主教暨司鐸名錄，現藏巴黎國民圖書館。(Cf. Cordier, L'Imprimerie, t. I, p. 325.)

（十四）Compendium eorum quae à Phil. Paracelso suis in scriptis dispersa sunt, catalogus in quo quam plurima teofrastica vocabula solita obscuritate referta dilucidantur. MS in-4，現藏 Montpellier 醫科大學圖書館，編四六一號。

（十五）致刻白爾(Képler)書，詢中國年表事。玉函曾以其測算日蝕之方法告之。刻白爾有答書，然宋君榮(Gaubil)神甫云此類信札已佚。(Chron. chin., p. 285.)

（十六）一六二一年八月三十日致 Jacques Keller 神甫書，現藏比國都城之 Bourgogne 圖書館；又一六一八年十二月十六日致 Jean Bollandus 神甫書，現藏 Bollandistes 圖書館。(Sommervogel, Bibliothèque, t. III, col. 1929.)

第四十七　費樂德傳葡萄牙人

一五九四年生——一六〇八年二月十七日入會——一六二二年六月二十二日至華——一六二六年四月十六日發願——一六四二年十月九日歿於開封

參考書目 Alegambe-Sotwell, Bibliotheca, p. 779. -Bartoli, Cina, p. 1137. -Couplet, Catal., 30. -Dunyn-Szpot, Sinarum historia, ad ann. 1642. -Franco, An. glor., p. 583. -Greslon, Histoire, p. 123. -de Mailla, Histoire, t. X, p. 477. -Martini, Brevis relatio, p. 35.

費樂德 (Rodrigue de Figueredo) 神甫字心銘，生於葡萄牙 Evora 教區中之 Coruche 小城，而在一六〇八年入此城修院。樂德性與拉丁文字相近，遂遣其赴羅馬肄習神學。樂德甚喜，蓋既可獲見古都，兼可請求派往中國傳道也。會長可其請，一六一八年命其偕金尼閣神甫同行，在臥亞完成學業晉司鐸後，而於一六二二年抵澳門。

首先傳教杭州；一六二七年至寧波，受洗者八十人，志願受洗者數百人。最後十二三年間樂德居河南開封，壯麗教堂之建築賴其力也。有信教之翰林某歸鄉里，邀請樂德同往武昌府，許助其在武昌建築教堂一所，然始因仇教，繼以韃靼之取此城，其願未達，後來穆迪我 (Jacques Motel) 至始將此教區恢復。(Bartoli, loc. cit. -Dunyn

Szpot, loc. cit.)

樂德既還開封，時城鄉共有教徒數千人。會李自成率羣盜至，攻城不下，蹂躪四鄉，復還圍城，欲待城內缺糧時取之。已而城內糧將罄，米一升易銀一兩，甚至腐爛皮革亦計量售銀；且有人公然買賣人肉，或擲死屍於道中以供人食。

教衆或死或逃，僅餘五十人。樂德特以爲食者，或水煮一勺麵粉，或一小塊腐爛麵餅而已。

至是傅汎際神甫遣費藏裕（第五八傳）修士持書往救，勸其離去開封。教衆亦促其行；教外之人亦約其出走。樂德答汎際，謂其義在留慰教衆，雖死不辭。

既而教衆盡死，饑饉日甚，僅餘僕役二人與澳門青年名 Lazare Rodriguez 者。當此時間有官兵來援，駐黃河堤上。統將欲水淹羣盜，乃決堤放水。時值秋雨後，河水漲時，水流奔放，平地盡成澤國。被圍者雖免盜圍，然河水從城牆缺口流入城內，最高房屋祇餘屋頂可見。據聞死者三十萬，得脫者不及萬人。樂德不知所終，或淹死，或壓斃於教堂下，皆未可知。時在一六四二年十月九日也。(Greslon, Histoire, p. 123.)

樂德生前曾設立貞女會一所，命一有德行之嫠婦主之。其後此會在南京賴楊廷筠女教名 Agnès 者之力延存數年。

其遺著列下：

（一）聖教源流四卷，用名宦某之名在開封刊行。

(二)總牘念經二卷。

(三)念經勸一卷。

(四)Duplex responsio anno 1627 data super tractatu P. Joannis Rodriguez. 陸若漢(第七一傳),神甫於一六一八年在澳門刻一書,評駁利瑪竇神甫傳教方法,樂德特撰此文以答。

(五)畢嘉(第一一八傳)神甫在其手寫本 De ritibus ecclesiae Sinicae. 中引有 Responsio ad undecim puncta. (Sommervogel, Bibliothèque, t. III, col. 726.)

de Backer 神甫等誤以爲 Aristote 之 De Caelo 譯文出樂德手,其實非是,譯者實爲傅汎際(第四五傳)神甫也。(參考書目同前。)

第四十八　祁維材傳波海麥人(註一)

一五八六年生——一六〇四年入會(註二)——一六二二年入華——一六二六年五月二十二日歿於澳門

參考書目 Alegambe, Bibliotheca, p. 785. -de Backer, Bibliographie, t. II, col. 462 seq. -Sommervogel, Bibliothèque, t. IV, col. 1084.

祁維材(Wenceslas Pantaléon Kirwitzer)神甫出生於 Bohême 之 Kaden 城，而在 Brünn 城入修院。肄習哲學神學畢，在 Gratz 城學校教授數學。金尼閣神甫返歐洲，維材遂決意赴中國傳教，而在一六一八年與尼閣偕行。一六二〇年同抵澳門。維材在澳城內外及廣東沿岸傳教數年，蓋其以此作入內地之預備也。de Backer 神甫謂其曾赴日本，似誤，蓋在一六二四年名錄中其名與湯若望並列作中國傳教師也；又一方面維材是否已入內地，亦無蹟可尋云。

(註一)鈞案原闕漢姓名，此乃新譯名。

(註二)一五八六及一六〇四年皆從一六二四年名錄轉錄。Sommervogel 書錄無出生年，而以入會在一六〇六年。

其遺著列下：

(一)Observationes cometarum an. 1618 factae in India Orientali a quibusdam S. J. mathematicis in Sinense regnum navigantibus, in-4, Aschaffenburg, Balth. Lipp, 1620.

(二) Litterae de martyrio P. Joan-Bapt. Machado, S. J., quis anno 1617 in Japonia passus est, in-8, Antverpiae, 1622.

(三) Relazione dalla Cina dell anno 1620. 一六二〇年十一月二十二日寫於澳門，署名作 Wenceslao Pantaleone, in Relazioni delle cose piu notabili scritte negli anni 1619, 1620, 1621, dalla Cina, in-8, Roma Zanetti, 1624. 法文本見 Histoire de ce qui s'est passé, p. 158.

(四) Lettera dalla Cina dell anno 1624. 一六二五年十月二十七日寫於澳門 in Lettere annue del Tibet 1616, e dalla Cina, 1624 in-8, Roma, Corbellotti.

(五) 尙有信札數件，現藏 Apponyi 圖書館：(一) 一六一六年五月六日及二十六日致 Lamormaini 神甫書，作於 Dunkerque，述自 Gratz 抵 Dunkerque 行程。(二) 一六一七年三月八日書，寫於 Coimbre，報告傳教會消息。(三) 一六一九一月七日致 Deker 神甫書，作於臥亞，述天文地理及傳教會事(四) 一六二〇年二月二十一日致 Lamormaini 神甫書，作於臥亞，報告傳教會若干消息。(Cf. Sommervogel, loc. cit.)

(六) Epistola ex India Orientali, 20 jan. 1624, ad Caesarem Ferdinandum Augustum；又比國京城 Bourgogne 圖書館藏鈔本，編列四一六九至四一七一號中，尙有節錄其他信札之文。(Sommervogel, loc. cit.)

第四十九　湯若望傳日爾曼人

一五九一年生——一六一一年十月二十一日入會——一六二二年六月二十二日至華——一六二八年七月三十一日發願——一六六六年八月十五日歿於北京

參考書目 Alegambe, Biblioth., p. 397. -Bartoli, Cina, pp. 96 seq. -Brucker, article "Schall" de la Catholic Encyclopaedia, t. 13. col. 520 seq. -Id., Etudes, 5 Juillet 1901. -Cordara, Historia, t. II. -Couplet, Catal., 26.-Id., Histoire d'uee dame chinoise, passim. -Crétineau-Joly, Histoire, t. III, p. 176. -Drews, Fasti, 25 aout. -Duhr, Jesuitenfabeln, pp. 226 seq. -Dunyn-Szpot, Sinar. hist., ad ann. 1645 seq. -Gabiani, Incrementa, cap. 2, 7. -Greslon, Histoire, passim, & appen., p. 61. -Du Halde, Description, t. I, p. 464; t. III, p. 82. -Henrion, Histoire des missions, t. II, Huc, Le Christianisme, t. II, chap. 7-9; t. III, chap. I. -Huonder, Deutache Jesuiten, Fribourg, 1899. -Intorcetta, Compendiosa, 360 seq. -Kircher, China, pp. 104 seq. -Le Comte, Nouv. Mém., t. II, p. 85. -Le Gobien, Histoire, p. 8. -Mailla, Histoire, t. X, XI. -Martini, De bello Tartarico, p. 29. -Id., Brevis relatio, p. 21. -Monumenta sinica cumdisquisit criticis (s. l., 1700). -Nieuhoff, Ambassades, p. 202. -d'Orléans, Vie des deux conquérants, Passim. Patrignani, Menol., 15 aout. Abèl Rémusat, Nouv. mél., t. II, p. 217. -Rougemont, Historia, Passim. -Schall, Histoica relatio, passim. -Welt-Bott, pp. 680 seq.

湯若望 (Jean Adam Schall von Bell) 神甫字道未，(註一)乃歐洲與耶穌會供獻中國諸大偉人之一，以五九一年生於 Cologne 其先信奉公教之望族也。初在此城耶穌會立學校肄習諸科並修辭學，即以才識虔信見稱於時；歷爲聖天使會及聖母會會員，校長 Jean Léon 見其才能堪爲宗徒，遣之至羅馬就學於日爾曼學校。(註二)

(註一)諸舊鈔本作道味，似誤，北平圖書館藏鈔本正教奉褒中國人名大詞典均作道未，較雅，今從之。

(註二)其名列日爾曼學校名錄次一一三八號。

若望以一六〇八年七月二十四日入校，成績德行超著，一如在 Cologne 學校時；由是以最優等評語入聖母會。肄習哲學後，放棄俗世虛榮，以一六一一年十月二十一日入耶穌會。卒業後偕金尼閣神甫同赴中國。一六二二年抵華，遣赴北京肄習語言。初抵京時，測算月蝕三次皆驗，由是聲望遂起。

已而會中委其管理陝西省教務，居西安數年，傳佈宗教，研究天文，無時或息。當時侮謗者衆，且被人訴之於法庭：受平民之侮辱，士夫之輕視，外受毀謗，內感艱辛；若望嘗云：南京之牢獄較優於西安之自由，可以見其遭際也。嗣後反對者皆服其堅忍，侮謗之風遂息，信教者日衆，士夫漸善遇之；建築壯麗教堂一所，其費用幾盡出於佈施，開堂之日受洗者五十人。(Bartoli, Cina, p. 963.)

一六三〇年五月鄧玉函神甫卒，朝廷徵召若望偕羅雅谷神甫至京師，繼玉函修曆未竟之業。(註三)

(註三)事具第四十六鄧玉函傳。

若望任事之初，曆官嫉西士者衆，因生毀譖。徐光啓等頗左右西士，請命中國曆官與西士各推日蝕，及期若望等推算毫釐不爽，反對者推算皆差，因是曆官尤恨西士。(Bartoli, Cina, pp. 1095 seq. —Schall, Hist. relat.,

p. 10.)

若望至是製造渾天球一具，平面地圖一具，附赤道線，上列十二宮。球體大而適當，用青銅鎔鑄，其上鍍金。又製中國前此未見之地平日晷一具，用白玉石爲之，長五尺，其針金龍負之。復爲朝中貴人製造使於攜帶之日晷，用象牙爲之；又爲諸天文家製大小望遠鏡、球儀、羅盤、觀象儀等器，俾利觀測。(Hist. relat., pp. 23, 25.)

當此時間，閣老徐光啓卒，得年七十二歲，時在一六三三年十一月八日。(註四)臨終時若望在側。至是若望遂失一强有力之保護人，蓋光啓殆爲當時華人中之最開明者，亦爲中國最熱烈誠虔之天主教徒。光啓未死前，曾以若望及一切傳教西士託付於朝中重臣一人，其人亦信教者。然皇帝已知愛敬若望；若望因寵遇，傳教益力。

（註四）崇禎六年十月初七日，原誤作西曆十一月九日，今改。

有老中官名若瑟(Joseph)者，曾經若望授洗，若望賴其力，獲入宮禁。一六三二年遂在禁中舉行第一次彌撒。一六三二年重要中官受洗者十人，中有龐天壽，教名亞基樓(Achillée)(註五)後以忠勇輔衛明末諸王，見稱於世。天壽與另一中官名 Nérée 者，曾延其老母至若望前授洗，先是此二婦曾經邱良厚（第三三傳）修士爲說教義。也又有一中官名 Prote(註六)者，品行爲人所重，因讒被逐出宮，依龍華民神甫爲講說教義人，而開教於其故鄉大城縣。(Bartoli, Cina, p. 972. -Cordara, op. cit., p. 542.) 利瑪竇神甫所創設之天主母會，(註七)若望更擴而張之，推及於信教婦女。(Hist. relat., p. 239.)

（註五）鈞案龐天壽之授洗人似是龍華民，而非湯若望，參看西域南海史地考證譯叢三編一二二頁。

（註六）此名 Bartoli 作 Proto；Cordara 作 Protus；原誤 Protais，今改。案羅馬殉教名錄九月十一日下與 St. Hyacinthe 並列之中官似即此人。

（註七）見第九利瑪竇傳。

先是 Bavière 國諸公爵曾將天主事蹟圖一册贈金尼閣神甫攜來中國，至是若望用漢文附以說明進呈皇帝，又附蠟質慕閣王（Rois Mages）朝覲像一座，外施綵色甚麗。崇禎皇帝愛之甚，置設御几，許后妃臨視。中官若瑟乘機爲諸后妃解說，有數人感動；因欲入教；若望許若瑟代爲授洗。入教者有三人居后妃位，教名 Agathe, Hélène, Théodora.（Hist, relat., pp. 25-39.）

一六四〇年宮中有信教婦女五十人，中官四十餘人，皇室信教者一百四十人。當時朝野以爲崇禎帝亦有信心，特未敢入教耳。（Bartoli, Cina, p. 1105. -Martini, Brevis, relatio, pp. 24, 27.）

韃靼勢力日盛，漸有進迫京師之勢。一日朝中大臣某過訪若望，與言國勢顚危，及如何防守等事。若望在談話中言及鑄礮之法甚詳，明此大臣因命其鑄礮。若望雖告其所知鑄礮術實得之於書本，未嘗實行，因謝未能，然此大臣仍强其爲之。蓋其以爲若望既知製造不少天文儀器，自應諳悉鑄礮術也。（Hist. relat., pp. 63 seq. -Ab. Rémusat, Nouv. mél., t. II, p. 217. -Bartoli, Cina, pp. 1105 seq.）

一六三六年在皇宮旁設鑄礮廠一所，若望竟製成戰礮二十門，口徑多大，有足容重四十磅礮彈者。已而又製長礮，每一門可使士卒二人或駱駝一頭負之以行。所需鑄礮之時亙兩全年。（Hist. relat., p. 66.）明朝末帝爲獎若望勤勞，賜金製匾額二方，上勒文字，一旌其功，一頌其教。(Id. p. 73.)

當時除韃靼外，尙有羣盜甚衆，進逼京師。崇禎帝見中官多叛去，將士多逃亡，不欲生爲羣盜得，以三幼子託之一忠臣某，在一樹上自縊死，時在一六四四年也。(Mailla, Histoire, t. X, p. 492. -Hist. relat., pp. 75 seq.)

盜首名李闖(李自成)陷京師，肆抄掠，然不犯若望之身及其居宅。若望日夜往慰諸教民，不遺一人。(Hist. relat., pp. 89 seq.)

全國官吏未盡降賊也，有吳三桂者，率重兵退守遼東。李闖進攻，而三桂殺其父；三桂仍不降，招滿洲韃靼來援。李闖敗走北京，焚掠城市而走陝西。(Mailla, Hist., t. X, p. 500. -Hist. relat., pp. 92 seq.)

諸教徒共勸若望出走，共推一嚮導，並獻一馬，促其速離北京；若望不允強之行，亦嚴拒不從；蓋其以此教區開闢不易，不願棄之也。況其職在援救不能逃亡之教衆歟?教中婦女及幼年貞女皆匿教堂中，寧死不願受辱。(Hist. relat., p. 91.)

當時宮殿寺塔盡焚，惟若望居所無恙，其避匿之所，亦天文儀器及前在陝西所刻書籍印版貯藏之處，火至卽滅，蓋得天主佑也。若望處此全城盡罹兵燹之時，仍外出慰問援救未死之人。據其記載云：「耳所聞者無非房屋倒塌聲，難民呼號聲，火爆聲，火藥炸裂聲。北京近類一廣大火場。熱度之大，昔在城外可以遠瞩之大樹，葉幹盡焦。城外附近植物盡枯死，與嚴冬荒凉景象蓋同。」(Hist. relat., pp. 100 seq. -Cf. Huc, Le Christianisme, t. II, p. 37.)

滿洲人取此已成灰燼之城，遂在此廢基之上建設新朝。（君臨止於一九一二年）新君年號順治，是城中空虛，不足安插韃靼部衆，乃命城內漢人遷居城外。若望聞訊，立即繕摺趨朝啓奏。新朝既悉其在前朝曾管欽天監事，禮待之，許其安居舊宅。

已而在一六四五年後，新朝幼帝授若望欽天監監正，加太常寺少卿銜，此乃朝中一重職也。若望經區長核准後始受職。賴若望之寵遇，可以保護散在外省之教侶，故提及若望之名，可以出龍華民神甫於獄，可以自謫所召李方西（第八七傳）神甫還，可以免安文思（第八八傳）畢方濟（第四十傳）二神甫之死。

若望受職時曾附以條件，祇能管理關於星宿日月蝕季候循環等事，至舊曆吉日凶日之判別，事涉迷信，則不能為之。若望曾以其意遍函傳道會中諸神甫，彼並請免行其官職所繫之禮節，蓋其不能與教士職分相調和也。所有應得薪給，一概不受，前任奢榮，一概屏絕。（註八）（Greslon, Histoire, p. 4. -Schall, Hist, relat., chap. 11. -Dunyn-Szpot, Sinar, hist, ad, ann. 1645.）

八）暫時受任高官，同參訂涉及迷信曆書兩點，曾經當時耶穌會神學家之爭辯，或以為若望宜辭職，或以為若望宜在位。最後會長 Oliva 於一六六四年四月三日取得教皇亞歷山大七世之許可，耶穌會士雖在發願後，亦得為中國官吏及欽天監人員（Brucker, art. cit., Cath., Encycl., col. 521 seq.）

皇太后曾養一皇族女於宮中，將以備順治帝正宮之選。此女得重疾，群醫束手，太后遣侍女一人向若望索藥，僅言病者為某大臣女。若望答以己非醫師，不能治病。侍女固請，乃以一神羔（Agnus Dei）付之曰：「以此物置病者身，祈天主愈其疾。」太后如法治之，其病果痊。越數日，宮女數人以賜品賚若望，若望拒不受。侍女曰，汝救太后姪女及皇上正宮，若不受則侮太后矣。若望驚，乃遵漢人習慣受之。(Hist. relat., p. 120.)

當時朝鮮國王(註九)在京師，因識若望，曾過訪，而若望亦曾赴其館舍謁見，冀天文數理之學賴其輸入朝鮮。若望且盼教理浸入王心，乃贈以耶穌會士所撰一切關於宗教之書籍，又贈渾天球儀一具，天主像一幅，並以講說教義一人囑其攜帶回國。王曰：「余寧願延君之歐羅巴同伴一人至國，講授西學；然不論所遣者何人，將待之如同君之代表。」(Huc, Le Christianisme, t. II, p. 393. -Hist. relat., chap. 12.)

(註九)鈞案此朝鮮國王應是朝鮮王世子之誤。

順治帝寵眷若望，迥異常格，與長談時，樂聞其言。若望因請求關於傳教之種種恩惠。皇叔阿瑪王(Amawang)擬在北京外建一新城，若望請於帝，仍將原有城郭宮殿修復；又請釋放俘虜數百；阻止僧人建大廟塔於京師；請勿以帝王獨享之尊榮授韃靼地域之一著名喇嘛；帝皆許之。

順治帝品性本良，惟生活放逸，左右不盡端人。若望常獻替忠言，帝亦從其言而待之若父，稱之曰瑪法(Mafa)，滿洲語猶言父也。帝且欲其為諫臣，朝臣之有過失者，命其往訓誡之。若望以此職足以使人嫉恨，辭不受，帝不允，由是嫉恨樹立，後日不免為怨家所陷。

順治帝有時語諸大臣曰：「汝曹祇知語我以大志虛榮，若望則不然，其奏疏語皆慈祥，讀之不覺淚下。」帝又云：「瑪法為人無比；他人不愛我，惟因祿利而仕，時常求恩；朕常命瑪法乞恩，彼僅以寵眷自足；此即所謂不愛利祿而愛君親者矣。」(Greslon, Histoire, p. 8.) 若望每入覲時，人皆言曰：「若望與主言民疾苦事。」讚詞之優有逾此者歟？

順治帝每有諮詢，隨時宣召其瑪法入宮。並且不拘禮節，常幸天主堂，歷覽禮拜堂、書房、花園等處，與諸幼年學生及諸傳教師敘談，詢其課程習慣例規。帝與若望言，歷久不倦。

若望乘機進言教理，有時為講十誡及宗教史略，有時為講天主受難諸事。若望所撰歷史紀錄 (Hist. relat., chap. 14, 15, 16.) 記之甚詳；帝與若望歡洽，有如家人父子。諸傳教師皆祈天冀帝入教，盼其為一未來之 Constantin 云。

若望致書歐洲，請速派新會士來華助理；彼曾獲得皇帝許可，會士可以自由入境，帝並降勅許其自由傳教，由是新入教者日增，一六五〇至一六六四年共十四年間，華人受洗者逾十萬人。(Cf. Huc, t. II, p. 424.)

一六〇五年帝賜地一方，建築天主堂一所，(註一〇) 堂高大，制逾舊有諸堂，形用拉丁十字架式，中有主祭壇一，側壇四。壁上書十誡八福及諸信條。堂前懸金字匾額，中為御書，左為第六十六代衍聖公書，右為閣老書，詞皆頌揚天主之教。(Hist. relat., chap. 18.)

(註一〇)御製有天主堂碑記，其文載 Kircher (China, p. 105.) 同 Dunyn-Szpot (ad ann. 1654.) 二書中。原文乃帝親筆，多表彰公教語，編經文臣改纂，僅餘讚揚若望之文。(Rougemont, Historica, pp. 153 seq.)

先是阿瑪王擒永歷太后例納 (Hélène) 及其他妃主，送京師，錮居一處。永歷太后最後諸年，常經若望慰問。

帝室有一幼年兒童曾經受洗者，若望會爲之預備善終。荷蘭國及莫斯科 (Moscovie) 大公所遣入覲使臣，若望曾爲之擔任翻譯。(註一一)

(註一一)一六五六年莫斯科大公是 Alexis Michaelowitch，使臣名未詳。荷蘭國使臣名 Pierre de Goyer & Jacques de Keyser, 1655-56 (Nieuhoff, Ambassade, p. 202), J. V. Campan & C. Nobel, 1661 & Pierre Van Hoorn, 1664.

帝賜若望號曰通玄教師，(註一二)又在一六五一年貤封若望祖父母父母官職。(註一三)後又降詔，以若望效力年久，原無妻室，不必拘例，其過繼之孫著入監肄業，蓋異數也。(註一四)

(註一二)鈞案後避諱改通微教師。

(註一三)誥封用滿漢文，現藏 Gand 城大學及 Prague, Berlin, Lyon 等城圖書館。諸誥封譯文見 Historica relatio, pp. 347 seq.

(註一四)南懷仁熙朝定案載有一奏疏，涉及若望之義孫。其人名湯士弘，原姓潘，曾爲欽天監員，足證若望有子之誣。誣其有子之說，蓋出於樞機員鐸羅 (de Tournon) 之書記 Marcel Angelita，一七五八年 Angelita 死後，其說始佈。據云：若望晚年不與同會士往來，在賜第中蓄有一妻，生二子。乃在禮儀問題辯論之中，若望之敵未見有一人舉此事，而在諸會士中，亦無有人在私函中提及此事，足證其出於 Angelita 之臆測也。案若望義孫乃其門下潘盡孝子，其人蓋姓潘。同會士在一六六五年七月二十一日信札中曾言盡孝頗見信用，若望臨危時曾言其對盡孝過於寬容，致有取其子爲繼孫事。此固爲若望之一缺點，然距誣罔之說遠矣。J. Brucker 神甫在 Catholic Encyclopaedia 一論文中 (t. XIII, pp. 522 seq.) 曾將關於此事之一切未刊文件節錄刊布。此種文件又經同一著者在一九〇一年七月五日 Etudes, pp. 64 seq.「今昔之公教傳教師」一文中完全徵引。Angelita

之記錄曾經前 capucin 會士 Norbert 採入「關於宗座與耶穌會士事件之歷史紀錄」第四冊中後又重載於樞機員鐸羅之歷史紀錄。(Memorie Storiche, Venise, 1761, t. I, p. 209.)

不幸帝寵愛一幼年嫠婦逾常，此婦誘其不信正教，不理國政而迷信佛說。此婦有一子，帝許此子將來承繼大位，不意此子夭殤，而此婦亦逾六月死。順治帝悲甚，得瘋疾，已而發熱甚劇，至於大漸。(Hist. relat., pp. 299 seq. -Rougemont, Historia, pp. 142 seq.)

帝臨危時，若望仍上疏固諫，並感謝恩遇。順治帝覽疏，感激淚下，謝若望，復回首呻吟曰：「朕誠有過，然今悔已晚，朕疾已不治矣。」一六六一年二月六日鶻崩。

帝未崩前，召諸重臣議擬傳位於其長兄，皇太后不許，諸臣未盡附太后意，太后乃召若望決之。若望稱諸國傳世之法，皆父死子繼。帝由是立皇二子爲皇太子，是爲康熙皇帝；皇太子年幼，命大臣四人爲輔政大臣，凡要政皆取決於皇太后(Dunyn-Szpot, Sinarum hist. ad an. 1661.)。

先帝既崩，新帝繼立，依例須祀天。欽天監正亦在陪祀之列，若望以其教無此禮，請與同教人祀於天主堂中。(Dunyn-Szpot, Sinar. hist., ad an. 1661. -Hist. relat., p. 335. -Rougemont, Historia, p. 158.)

輔政大臣等初尙敬重若望，授以少保之號。鄭成功(註一五)子經，滿抗官兵，朝命(一六六三年)削平沿海一帶諸城，澳門亦在削平之列，若望同劉迪我神甫(第一〇二傳)歷陳澳門有功於國，葡萄牙人遂免驅逐。是爲若望對於宗教之最後功績，蓋若望表面雖受優遇，奈積怨已深，風波將起矣。(Rougemont, Historia, pp. 73 seq.)

（註一五）成功芝龍子，世稱爲國姓爺（Coxinga）者也。芝龍泉州南安縣貧戶子，幼至澳門入教受洗，教名 Nicolas。爲人聰敏幹練，經商而致富，多有海舶。初與盜爲敵，後自爲海盜。取一日本婦人生成功。成功幼年或偕西班牙人至馬尼刺，或偕荷蘭人至台灣，然從未受洗。品性與其父同。滿人殺芝龍後，成功往來海上，抄掠沿海諸城，至入長江圍攻南京。一六六二年二月十二日奪台灣於荷蘭人手。同年七月二十三日死於台灣。關於成功事蹟，可參看 Rougemont, Hist. tartaro-sinica 第一編。

先是順治末年有人散佈謗書攻擊天主教，諸神甫不以爲意。至是滿漢佛回儒士合謀欲將天主教名屏絕於中國之外。其首領吳明烜，回回曆官，曾經若望援其死，乃忘恩受禮部尚書某之嗾使，而與若望爲敵。更有中國士人名楊光先者，徽州人，聰敏狡詐，（註一六）一六六四年上疏攻訐天主教與諸傳教人。諸輔政大臣不喜天主教，且有與若望爲敵者，遂可其奏。

（註一六）關於楊光先者，可參看 Greslon, Hist. de la Chine, pp. 35-46.

其後不久拘捕諸神甫問罪，時在京神甫被拘者四人。並命將全國諸傳教師拘送來京；禁華人奉教，時在一六六五年一月四日也。奪若望諸職，與南懷仁（第一二四傳）利類思（第八十傳）安文思（第八八傳）三神甫鋃鐺入獄。信教官吏五人皆拿問待罪。

若望被劾之款凡三：（一）邪說惑衆，不合中國忠孝禮法；（二）潛謀造反，聚兵械於澳門；（三）曆法荒謬，採用足爲中國羞。（Dunyn-Szpot, op. cit., ad an. 1663. -Greslon, Histoire, pp. 93 seq.）

諸人對此三款皆答辯甚詳，而對於第三款剖析尤力。（註一七）然無益也，問官已有主見，案已早定，對於答辯者若充而不聞。此七十四歲高年老人身患痿痺，口不能言，跪地受訊，如同罪人，見之誠可憫也。南懷仁爲之代辯，冀代爲受難，然終不免斷若望剮罪，至信教之中國官吏則擬處斬，諸傳教師押解出京。

(註一七)此事亦無足異，當時歐洲天文學與傳教師之蒞華，皆有相連之關係；若無天文，則並傳教之事亦無矣。後一七六六年九月二十四日劉松齡(Hallersten)神甫書札猶云：「藝術在朝廷固爲人所喜，然天文曆算尤有功用，而不可須臾離也。」百年以後情形尚且如此，當時諸神甫對於曆算力爲辯護，其故不難知之。歿於一八三八年之 Pires-Pereira 主教得留居北京者，亦賴其數學家名義有以致之。

中國信教官吏五人遂被斬決，妻子流放鞀韃地域；諸人作數次告解後，安然受刑。(Greslon, Histoire, p. 175.)其餘擬處罪刑諸人，幸遇天變獲免。蓋時有彗星見，地大震，火災及其他災害繼起，既見上天示警，始知諸神甫無罪，乃開釋諸神甫，除若望外，俱遣發廣東。(註一八)

(註一八)外省教士拘送北京者共三十人，內方濟各會士一，多明我會士四，耶穌會士二十五。留京者僅四人，其名列下：(Cf. Rougemont, Historia, Préface):

Antoine de St-Marie，即利安當，西班牙人，方濟各會士。

Dominique Coronado，西班牙人，(鈞案此人原名閔明我，)一六六五年五月九日歿於獄。

Dominique Navarrette，鈞案即前一閔明我，西班牙人，後一閔明我乃義大利人，蓋頂替其名者，參看第一三五傳註一。

Dominique Marie Sarpetri; St-Pierre，西西利人。

Philippe Leonardo，西班牙人。以上四人皆隸多明我會。

Jean Adam Schall von Bell，即湯若望，留北京。

Canevari，即聶伯多。

Ignace da Costa 即郭納爵。

Louis Buglio，即利類思，留北京。

Jean François de Ferraris，即李方西。

Jacques Le Favre，即劉迪我。

Jean Valat，即汪儒望。

Claude Motel，即穆格我。

Jean-Dominique Gabiani，即畢嘉。

Emmanuel Jorge，即張瑪諾。

Philippe Couplet，即柏應理。

Christian Herdtricht，即恩理格。

Prosper Intorcetta，即殷鐸澤。

Antoine de Gouvea，即何大化。

Michel Trigault 即金彌格。

François Brancati，即潘國光。

Gabr. de Magalhaens，即安文思，留北京。

Antoine Lobelli 即陸安德。

Stanislas Torrente，即瞿篤德。

Félicien Pacheco，即成際理。

Jacques Motel，即穆迪我，
Humbert Augeri，即洪度貞。
Ferdinand Verbiest，即南懷仁，留北京。
François de Rougemont，即魯日滿。
Adrien Greslon，即聶仲遷。

輔政大臣以湯若望罪案奏請太皇太后懿旨定奪。太皇太后覽奏不悅，擲原摺於地，責諸輔臣曰：湯若望向爲先帝信任，禮待極隆，爾等而欲置之死地耶？遂命速行釋放。(de Mailla, Histoire, t. XI, p. 1022.) 多明我會中國區長 Victorius Ricci 一六六六年五月十五日信札述此案甚詳，此信札刊在 Christ. von Murr 之日記中。(Journal, t. VII, pp. 252 seq.)

若望遂脫鎖鍊，被釋出獄，聽其回堂。教內外人爭往慰之，諸輔臣大臣與禮部恚甚，封閉教堂，取御賜碑文碎之，命若望懷仁與利類思安文思二人同居一處。(Dunyn-Szpot, op. cit., ad an. 1666.)

若望自知死期已至，作末次書札致諸會士，請恕不足爲諸人模範之罪。(Alegambe, Biblioth., pp. 398 seq.) 若望雖受誣，實光榮於一六六六年聖母升天日棄世。

吾人得視若望爲中國傳教會之第二創建人，蓋公教在前朝受恩寵，並得南方明朝諸王之愛護，得畏新朝之加罪也。若望雖不忘明帝恩，然視教務尤重，所以不惜迎合新主之心，遂獲得順治帝之愛敬，外省諸傳教師賴此得不受內訌外侵之害。能維持教務於不墜，蓋若望之功也。

若望熟習天文曆算，並諳練華語，與利瑪竇神甫同，皆為其他歐羅巴人所難跂及。其臨事鎮定，遇難堅忍，亦與瑪竇同。置身於一外教及腐敗之朝廷中，仍以學識勤勞溫和無私受人欽敬，是皆不可及也。

茲引一事，以例其餘。孫元化張燾（註一九）二人失機下獄問斬，若望不惜矯裝作煤夫負煤入獄，而聆其告解（P-atrignani, Menol., III, 135. -Greslon, Histoire, p. 322.）

（註一九）元化教名 Ignace，燾教名 Michel，與張賡子張識教名同。燾與孫學詩合撰有西洋火攻圖說，曾經伯希和在一九二六年通報一九二頁中指出。

若望撰述以關於天文、光學、幾何者居多，皆在一六三五年前修曆時刻於北京；中有數種曾經徐光啓校訂。惜吾人所知未廣，有若干編言之未能詳也。

（一）進呈書像。是編乃進呈天主事蹟圖及慕閣王朝覲像之說明書也。可參看通報一九三二年刊一一五及一一六頁伯希和說；正教奉褒三版十九頁；天主教傳行中國考第一册一九五頁。

（二）主制羣徵二卷，一六二九年初刻於絳州，乃 Lessius 之 De Providentia numinis et Animi immortalitate libri duo 之譯文。若望僅譯第一卷，衛匡國神甫接譯第二卷，參看本書第九十傳匡國書錄。Cf. Southwell, Bibliotheca, p. 399. Martini, Brevis relatio, p. XXXIV. 據 Sommervogel (IV, 1741.) 說，若望亦譯有 Lessius 之 Summo Bono，蓋誤讀 Southwell 及衛匡國二人之書，若望撰譯實無是本也。(J. L. 補註)

（三）主教緣起四卷，一六四三年刻於北京。近見有一新刻本，闕標題。

(四)眞福訓詮，一作眞福經典，一卷刊刻年月處所並闕蓋言八福之書也。

(五)渾天儀說五卷。

(六)古今交食考一卷，一六三三年刻於北京。

(七)西洋測日曆一卷一六四五年若望奉阿瑪王命修曆，第一曆本拉丁文標題作 Calendarium compositum ex mandato regio ad novam regulam magni occidentis，漢文標題未詳。滿人得此本甚喜，以之頒行全國。先是若望曾上疏奏言舊曆所載時日吉凶等事非彼所能測，故將迷信四十條，屏於曆本之後，按後列第十號書或卽此本。(Dunyn-Szpot, Sin. hist., 1645.)

(八)學曆小辯一卷。

(九)民曆補註解惑一卷，一六八三年南懷仁神甫刻於北京，首有監官胡某邵某二人序。若望又曾參訂欽定七政四餘萬年書。(Cf. Wylie, Notes, p. 103.)

(十)新曆曉惑一卷，參看第七號書。

(十一)大測二卷。

(十二)遠鏡說一卷，一六三〇年刻於北京。

(十三)星圖，參看第二十六號書。

(十四)恆星曆指四卷。

（十五）恆星出沒二卷。

（十六）恆星表五卷。

（十七）交食曆指七卷。

（十八）交食表。

（十九）測食說二卷。

（二十）共譯各圖八線表。

（二十一）測天約說二卷。

（二十二）奏疏四卷。

（二十三）新法曆引一卷。

（二十四）新法表異二卷。

（二十五）曆法西傳。

（二十六）赤道南北兩動星圖，Klaproth, Verzeischniss, p. 183, 引之。疑即第十三號書之別一版本。

（二七）西洋新法曆書三十六卷，徐光啓湯若望羅雅谷等合撰，刊刻年月處所並闕。要在一六三三年光啓去世之前。其子目列下：

（甲）日躔表二卷，羅雅谷撰。

（乙）月離表四卷，羅雅谷撰。

（丙）交食表九卷，湯若望撰。

（丁）五緯諸表原叙目十一卷，羅雅谷撰。

（戊）五緯表十卷，羅雅谷撰。

一六五四年若望進呈順治皇帝之曆書，而順治皇帝因廢回回曆，而用西曆新法，疑卽是編也。(de Mailla, Histoire, t. XI, p. 61.)

（二十八）Historica relatio de initio et progressu Missionis Societatis Jesu apud Sinenses, ac praesertim in regia Pekenensi, ex litteris R. P. Adami Schall, ex eadem Societata, supremi ac regii Mathematum Tribunalis ibidem praesidis édité par Jean Foresi (s. : Missio chinensis s. j), 267 pp. in-8, Vienne. 1665. 是編止於一六六一年順治皇帝之崩。其中頗有異聞，而順治寵眷若望之事亦散見焉。

（二十八）重 Historica relatio de ortu et progressu fidei orthodoxae in regno Chinensi per missionarios Societatis Jesu ab anno 1581 usque ad annum 1669……Editio altera et aucta édité par Jean Foresi, 393 pp. in-16, Ratisbonne, 1672. 是編止於楊光先之獄，附件三：(1) Compendiosa narratio de statu Missionis Chinensis, 1581-1669; (2) Catalogus triginta sacerdotum; (3) Catalogus prodigiorum. 二三兩件並出殷鐸澤 (Intorcetta) 神甫（一二〇傳）手。——以上二條皆經 H. Bernard & Van Hée 二神

甫改正 Cf. Sommervogel, III, 877.

（二十九）崇一堂日記隨筆一卷，一六二七年刻本，王徵輯。

（三十）Historica relatio, p. 260. 謂若望上疏甚多，順治帝選其中七十件下部議。

（三十一）上羅馬書言中國編年事。緣有傳教師數人以中國編年載堯在紀元前二三五七年即位，雖得與eptante之計算合，然與聖經之說異。若望因上書詢問耶穌會長，一六二七年得答書，稱中國紀年可用，惟必須一致，且稱勿使華人知其編年已有證明，而經教會決定云。(Gaubil, Chronol., chin., p. 183.)

（三十二）通知中國傳教會諸神甫書，辯解曆書附載迷信及本人出仕事：Reposta as duvidas que o Calendario novo Sinico causon nalgûs Padres, Christaôs etc. Pékin, 16 déc. 1648, 4 p. in-4, M. S. Bibliothèque Nationale, f. france. 9773. (Brucker, art. cit., Cathol. Encycl., p. 523.)

（三十三）Sommervogel (Bibliothèque, t. VII, col. 707 seq.) 引有若望未刊著作數種，–Responsio adcasus controversos（作於一六二八年十一月八日反對中國禮儀。）–Memoriale datum imperatori sinico Xun-chi, anno 1644.（更正前此反對中國禮儀之說。——上欽天監書。）（作於一六六三年，拉丁文。）

（三十四）艾儒略四字經（第三九傳十七號書）要略。（土山灣一九一七年書目二四九號。）

（三十五）則克錄三卷，焦勖纂，趙仲訂，首題一六四三年陰曆四月；一六四七年海山仙館叢書有重刻本，上中二卷別題火攻挈要。一九三三年五月三十一日我存雜誌有徐景賢提要，並參看河內遠東法國學校刊一九〇三年刊一一四頁及通報一九二八年刊一九二頁伯希和撰文。

第五十　費瑪諾傳葡萄牙人(註一)

一五八九年生——一六一〇年入會——一六二二年至華

參考書目 Franco, Synopsis, an. 1618. -Notes MS.

費瑪諾 (Emmanuel de Figueredo) 修士生於葡萄牙之 Lamogo 城，一六一八年偕金尼閣神甫至中國。一六二二年抵澳門，自一六二二迄一六五〇年間爲看護士兼理中國副教區俗家事務，凡二十八年。

(註一) 鈞按原闕漢姓名，費瑪諾是新譯名。

一六五五年尚在澳門學校爲閽者，餘無考。

中華民國二十七年六月初版

平 ✤E三六三九

入華耶穌會士列傳一冊

(98418)

Notices biographiques et bibliographiques sur les mission de l'ancienne de chine

每冊實價國幣柒角

外埠酌加運費匯費

原著者 Aloys Pfister

譯述者 馮承鈞

編輯者 中華教育文化基金董事會編譯委員會

發行人 王雲五 長沙南正路

印刷所 商務印書館 長沙南正路

發行所 商務印書館 各埠

(本書校對者董雲霆)